THE CREATOR'S CODE

The Six Essential Skills of
Extraordinary Entrepreneurs

创新者的密码

未来企业家必备的6大技能

[美] 埃米·威尔金森（Amy Wilkinson）◎著
张跳◎译

浙江人民出版社
ZHEJIANG PEOPLE'S PUBLISHING HOUSE

湛庐文化 Cheers Publishing a mindstyle business 与思想有关

THE CREATOR'S CODE

中文版序

创新，无限的机会

中国能够创新吗？许多人都在问这个问题。今天，这个问题的答案越发清晰。凭借中国制造业近年的发展，“中国制造”现已成为人所共知的词汇，而“中国创造”将是未来的写照。

中国的专业人士经营会问：诸如 SpaceX 和 LinkedIn 这样蓬勃发展的新公司，美国企业家是如何把它们创办和发展起来的呢？他们对硅谷创业成功的深远影响有着非常浓厚的兴趣。在美国，创新者如何把想法变成突破性的企业？什么样的心态和技能使得他们能够塑造未来？

经常有人请我对美国的创新模式予以解释，并与我一起探讨这种模式在其他地区进行复制的可能性。中国的商界领袖、政府官员和莘莘学子在探索一种独特的适合中国国情的经济模式的过程中，也试图复制美国企业家取得的成功。虽然在中国成功的故事已经屡见不鲜，但人们仍对创造新的企业并使其发展壮大有着迫切的需要。

历史上，中国的创新者曾经给世界带来了许多伟大发明，水车、指南针、火药、造纸、印刷以及改变生活的其他许多技术。2015 年，在本书出版之际，许多新的产品和商业模式正在中国蓬勃发展。互联网巨头阿里巴巴正在向近 250 个国家的 800 多万客户提供服务；淘宝在中国打败了 eBay；百度在全球最大的市场占有 80% 的市场份额；而腾讯 90% 的收入来自在线游戏、社交网络的虚拟物品销售和电子商务，相比于仅仅依靠广告收入的许多西方互联网公司，腾讯的收入来源既独特又多样化。

中国国内市场规模巨大、特点鲜明，这为创新者提供了创造高增长企业的独特机会。例如，在北京这个人口稠密的城市，当日送达业务的发展速度要远远超过美国。即时通讯工具微信通过智能手机连接起整个世界，创造了一个前所未有的全新景象。微信不仅可以与朋友分享文本、声音和照片，它本身就是一个服务平台，订外卖，打车，支付账单，读新闻，预约就诊，记录健身过程，所有这些功能，都集成于其中。微信的平均用户收入比美国的即时通信应用 WhatsApp 高出 7 倍。此外，深圳这个位于中国珠江三角洲的城市，历史上曾经是中国的智能手机、笔记本电脑、平板电脑、电视、数码相机、蓝牙音箱、家电和 LED 灯具的制造中心，今天在信息和通信技术的专利申请方面，这个城市已经超过了硅谷。

当然，中国也面临诸多挑战。侵犯知识产权，盲目模仿商业模式，以及传统的应试教育体制等，都是阻碍创新的重要因素。环境污染，能源短缺，人口增长，医疗保健服务不足，这些都是需要克服的问题。除此之外，还有许多其他的挑战摆在中国创新者面前，迫切需要他们予以应对。或者，我们可以把这种情况转化为积极的创业术语：对那些雄心勃勃、深思熟虑的人而言，这里充满无限的机会。

美国人同样担心经济企业增速放缓、教育体制落后，与前面几代人相比，“千禧年一代”的年轻人相对缺乏创业精神。我们有许多问题迫切需要解决，这也是我撰写本书的原因之一。从经济数据中我们得知，在美国，几乎所有的净增就业岗位都是那些成立不到 5 年的年轻企业所创造的。为了支撑一个充满活力的创新经济，我们需要创新者更新并扩大前沿的观念。无论是美国还是中国，都需要鼓励更多的人勇敢加入到创新者的队伍中。

在这本书中，通过对 200 位当今美国顶级企业家的专访和 5 年的深入研究，我发现并提炼了创新者的 6 项基本技能。我希望这一成果能够帮助世界各地更多的人们，发挥自己独特的能力，创建蓬勃发展的新企业。创新的行为都是相通的，你可以学习、实践、传承 6 项基本技能。祝你好运！

THE CREATOR'S CODE

目录

在思考问题的方式、提出问题的视角、克服困难的方法等方面，我们都存在差异。正因为如此，一旦我们协同合作，就可能取得突破性的成果。创新者善于运用网络思维，汲取各家之长。

我们现在正处于这样一个历史时刻，在这个时刻，帮助别人对你自身的利益也是有好处的。那是因为，这个世

THE
CREATOR'S
CODE

前言

破译密码，人人都可以成为企业家

凯文·普兰克（Kevin Plank）被预科学校赶出校门以后，乐颠颠地进入一所军事学院。但是，部队没有一个球队愿意接纳他，他感觉自己参加大学橄榄球联赛的梦想几乎要破灭了。不过，几经周折之后，他终于在1991年被马里兰大学的橄榄球队录用，司职替补后卫。

在这个位置上，普兰克比别人更加努力。他必须这样做，破釜沉舟，发愤图强。普兰克的队友埃里克·欧格博古（Eric Ogbogu）身高1.94米，体重111千克，曾先后效力于纽约喷气机队、辛辛那提猛虎队和达拉斯牛仔队，他经常对人提起，大学期间，唯一能对他的位置产生威胁的就是普兰克。这种评价是对身高1.80米，体重103千克的普兰克的敬意。

训练场上，普兰克常常汗流浃背。一天，他称了一下穿在队服里面的棉质T恤的重量，发现这件被汗水浸透的T恤竟让他的体重足足增加了1.3千克。与人高马大的其他队友相比，矮小瘦弱的他不能再让自己被装备所拖累。如果有一件透气排汗的T恤，自己的劣势能不能得到几分弥补呢?

在马里兰大学帕克分校的校园附近，普兰克找到一家纺织品店，他向店员解释了自己的需要。他了解到，合成纤维比棉质材料透气排汗的效果更好。普兰克买了一块有弹性的超细纤维面料，找裁缝做了一件T恤。他前后做了7个样品，花了450美元。但是，他得到了自己需要的东西：一件舒适的T恤。这件T恤干的时候重85克，湿透了也才200克。

普兰克把T恤样品送给他的队友。赛后，队友们都赞不绝口。

“硬朗的橄榄球员身着安德玛（Under Armour）T恤，这背后有一个鲜为人知的秘密——安德玛使用的是和女人的贴身内衣一样的面料。”普兰克笑着说。

大学毕业后，普兰克开着他的福特野马前往纽约市的服装区寻找纺织品供应商。在俄亥俄州，有一家小工厂愿意生产他的T恤。他给大西洋沿岸会议（Atlantic Coast Conference，马里兰州当时的家庭体育联盟）负责装备的经理人一个又一个地打电话，走进一间又一间的运动员更衣室，推销他研发的透气排汗T恤。从华盛顿特区祖母家的地下室开始起步，普兰克和他的朋友吉卜·福尔克斯（Kip Fulks）每天20小时连轴转，忙着找订单、装箱、发货。

“确实很辛苦，”普兰克对我说，“但我从来没有觉得自己会白忙活。”尽管花掉了自己辛辛苦苦节省下来的1.7万美元，并欠下了4万美元的信用卡账单，但他仍然没有止步。耐克公司的代表在商品展销会上拒绝受理他的产品，但他每年都给耐克公司的联合创始人菲尔·奈特（Phil Knight）寄送圣诞贺卡，贺卡上这样写着：“你还没有听说过我们，但你一定会听说的。”

没过多久，订单就接踵而至：佐治亚理工学院签下了第一个大单，接着北卡罗来纳州立大学签下了第二个大单。亚特兰大猎鹰队随后打来电话，询问是否可以为他们提供长袖 T 恤，普兰克回答："当然可以！"放下电话，他立刻想办法解决问题。接下来，棒球、曲棍球和英式橄榄球选手都想试试安德玛的装备。很快，这个由橄榄球选手创办的公司开始为男子橄榄球选手，甚至女子橄榄球服装市场提供服务。今天，安德玛已经成为一个价值 29 亿美元的全球性品牌。

无论在纺织领域、制造领域，还是零售领域，普兰克都不是专家。他从未参加过全美橄榄球联赛，也没有常春藤盟校的文凭。作为一名创新者，他自己破译了创新者的密码。

"蓝领的、替补队员的心态定义了我们的品牌。没有什么能阻止我，没有什么可以阻止我走向成功。"当我们在"不朽城"巴尔的摩走过安德玛校园店的时候，普兰克这样说。

盈利，"赚到拉面钱"

2007 年，在美国西部旧金山的公寓里，乔·吉比亚（Joe Gebbia）收到房东通知："亲爱的吉比亚：你的租金已上涨 25%。"自己快要付不起房租了，这让吉比亚和室友布赖恩·切斯基（Brian Chesky）甚为焦虑。

> **创新者说**
> THE CREATOR'S CODE
>
> 蓝领的、替补队员的心态定义了我们的品牌。没有什么能阻止我，没有什么可以阻止我走向成功。
>
> **凯文·普兰克，安德玛创始人**

作为罗德岛设计学院的应届毕业生，那一个星期他们原本打算参加美国工业设计者协会的会议。上网浏览会议网页的时候，他们碰巧注意到这样一个通知："很抱歉，所有宾馆均已客满。旧金山已经没有空房了。"两名设计师打量了一眼自己居住的房间，他们意识到，自己的房间还能住人，只是无法加床。"在壁橱里，我有一张充气床垫。"吉比亚告诉切斯基。

灵感降临：他们又从朋友那里借来两个床垫，把三个床垫都充上气，并开始考虑应该向付费的客人提供什么样的入住体验。要是能向客人提供机场接送服务，会不会更好？为什么不在枕头上放一些薄荷？要是给客人提供早餐呢？后来，他们想到了 Airbnb 这个名字。这里提供的不是含早餐的床（bed-and-breakfast），而是含早餐的充气床（airbed-and-breakfast）。于是，Airbnb 就这样诞生了。

回忆起最早入住充气床旅馆的三个人，吉比亚说："第一个周末，我们接待了凯特、埃米尔和迈克尔，真的太高兴了。"成功的经验、额外的收入，还有同客人建立起的良好关系，这些让吉比亚和切斯基急切地想要知道，如果他们能够鼓励其他人也参与到出租居住空间的队伍中，情况会是什么样的呢？

这个创业二人组又把程序员内森·布莱卡斯亚克（Nathan Blecharczyk）拉了进来，一起经营 Airbnb，他们的目标市场是：出差开会的人（conference-goers）。

刚开始的时候，每周只能收入 200 美元，但这不仅让他们学会了精打细算，更激发了他们的创造力。2008 年美国总统大选期间，两位设计师制作了限量版的谷物早餐盒，分别命名为"奥巴马奥氏（Obama O's）——每一只碗里都有希望"和"舰长麦凯恩氏（Cap'n McCain's）—— 一口吃出一个异议分子[①]”。他们先把这些餐盒放到博客上加以宣传，后来每盒的售价高达40美元。这些餐盒很快就销售一空，这给他们带来了2.5万美元的收入。至此，Airbnb入不敷出的情况得以缓解。“事情就是这样，可公司创办指南中没有人这么写。”吉比亚轻声笑起来。

2010年,Airbnb公司走到了“赚到拉面钱”阶段。吉比亚解释说:“在这个阶段，你每天挣到的钱足以支付你的房租，还可以吃上最好的拉面。能走到这一刻，你就会有无限的发展可能。”

每天晚上，在192个国家的34 000多个城市，都有超过20万名旅行者入住Airbnb的房间。相比之下，希尔顿酒店在全球各地也只有60万个房间。2014年4月，Airbnb获得了4.5亿美元的追加资本。就在那笔投资达成前不久，吉比亚身穿连帽衫、戴着深框眼镜、脚蹬红色帆布鞋，在位于旧金山的Airbnb公司总部刚刚和我见过面。由于这笔投资的达成，分析认为，公司市值高达100亿美元，并已成为世界上最有价值的公司之一。

使命感让人激情燃烧

布赖恩·切斯基、乔·吉比亚和内森·布莱卡斯亚克找到了一种出租空间、应用技术并开办公司的路子，这不仅解决了他们自己的问题——高昂的租房成本，而且鼓励其他人参与到这个项目之中。他们的公司发展了起来，就像安德玛一样。

创办一家共享经济公司并不时髦也算不上很酷。没有哪个风险投资家

① 麦凯恩一生都是共和党人，但由于他支持了一些共和党所反对、民主党所支持的法案，而被美国媒体称为共和党里的“异议分子”（Maverick）。——译者注

会嚷嚷着要去投资出租沙发或者加床给陌生人这样一种“奇奇怪怪的想法”。Airbnb 创始人的想法要冒很大风险。真的是这样吗?

切斯基、吉比亚和布莱卡斯亚克和其他很多人并没有什么两样。他们碰到了一个他们自己深信不疑的商业概念。这个概念并不激动人心，却有很强的吸引力。这个想法很有前途，却也并非万无一失。但是，他们有着成就自己想法的梦想。“我们的内心居住着某种东西，这是一种我们无法摆脱的精神，”吉比亚解释说，“尽管周围所有的人告诉我们应该停下来，但在我们内心，总有一种东西让我们无法释怀。”

THE CREATOR'S CODE
破解密码

我们每个人都有能力发现机会，发明产品，创办企业，甚至是价值过亿美元的大企业。我们能够对未来如何发展产生影响，因为我们能够创造未来。

新一代梦想家就是这样做的——把寻常的理念变为非凡的企业。这些男人和女人都掌握了本书中讲述的 6 个基本技能，已经破译了创新的密码。他们证明，只需要一点点勇气和训练，你就可以走得很远，人人都可以成为企业家。

创新者说
THE CREATOR'S CODE

我们的内心居住着某种东西，这是一种我们无法摆脱的精神。尽管周围所有的人告诉我们应该停下来，但在我们内心，总有一种东西让我们无法释怀。

乔·吉比亚，Airbnb 联合创始人

创新者并不力争第一，只有尖子生才这样做。相反，他们寻找唯一——创新者是发现需求唯一的人，发现现有技术新用途的唯一的人，设计独创性解决方案唯一的人。好奇心远比资格证书重要。

过去，在商业和教育领域，我们所运用的都是流水线方法。陈旧的方法解决方程式，然后复制解决方案。那种线性思维方式支撑着一个标准化的过程。但是创新者认识到，在今天喧嚣的经济中，成功没有完美的方程式。创新者必须向前开辟新的道路。

创新者不需要 MBA，也不需要大把的资金、完美的时机以及许可证书。他们不需要很多年经验的积累。创办了在线支付巨头 PayPal 公司的彼得·蒂尔（Peter Thiel）、麦克斯·莱夫奇恩（Max Levchin）和埃隆·马斯克（Elon Musk）都不是银行家。创办了 YouTube 的陈士骏（Steve Chen）、查德·赫利（Chad Hurley）和贾德·卡里姆（Jawed Karim）都不是视频专家。打造了全美领先的希腊酸奶品牌乔巴尼（Chobani）的哈姆迪·乌鲁卡亚（Hamdi Ulukaya），此前也从未经营过一家工厂。价值 10 亿美元的塑形内衣企业 Spanx 的创始人萨拉·布雷克里（Sara Blakely），最早只是一个上门推销传真机的女销售员。

创新者发现了那些他们为之激动的东西,用一种超越底线的使命意识，点燃了自己的全部力量。“让我们激情燃烧的当然不是玉米煎饼和薄饼卷。我想要改变的是人们吃快餐的方式。”休闲快餐 Chipotle 创始人斯蒂夫·埃尔斯（Steve Ells）说。“移居火星就像生命从海洋来到陆地一样重要。”SpaceX 创始人埃隆·马斯克告诉我。“要是没有扣篮的愿望，”节能软件销售公司 Opower 创始人亚利克斯·拉斯基（Alex Laskey）说，“其他那些重要的上篮动作，恐怕你也懒得去做”。

在本书中你会看到，今天这些堪称典范的企业如何取得了那些意义重大的成就。你会明白，为什么职场社交网站 LinkedIn 的联合创始人里德·霍夫曼（Reid Hoffman）这样说：“你必须把自己推到悬崖边上，在冲下悬崖的过程中装配好一架飞机。优秀的创业企业家绝对明白时间的重要性，因为每一秒钟，你都离谷底更近一步。制造这样一架飞机，所有的一切，都得靠你自己。”你会看到，汽车共享企业 Zipcar 的联合创始人罗宾·蔡斯（Robin Chase）是如何创办企业，提供“你身边的轮子”的。当时她是一位42 岁的母亲，还有三个孩子。你还会发现，为什么商业评论网站 Yelp 的联合创始人杰里米·斯托普尔曼（Jeremy Stoppelman）并没有希望一蹴而就，而要去寻找“一个反直觉的数据现象，以便做出更深入的研究”。

这些男男女女如何改变了我们的生活方式？什么样的工具、特性、实践和习惯有助于他们取得成功？对这些问题答案的探寻，正是这本书要做的事情。

下一个史蒂夫·乔布斯

为了创业，19 岁的伊丽莎白·霍尔姆斯（Elizabeth Holmes）在斯坦福大学中途辍学。着迷于微流体和纳米技术的她，为了让诊断检查更快、更便宜、更少痛苦同时也更精确，引发了一场实验室检测的革命。今天，她创建的 Theranos 公司在降低成本的同时，正从容自若地通过提高检测速度和医疗质量撼动整个实验室检测行业。明天，它可能会发挥更大作用，不仅有助于提高治疗速度，而且最终有可能在疾病的神秘征兆出现之前，控制它们，并阻止疾病的发生。

创新者说
THE CREATOR'S CODE

你必须把自己推到悬崖边上，在冲下悬崖的过程中装配好一架飞机。优秀的创业企业家绝对明白时间的重要性，因为每一秒钟，你都离谷底更近一步。制造这样一架飞机，所有的一切，都得靠你自己。

里德·霍夫曼，LinkedIn 联合创始人

“当你所爱的人真的病倒了时，一切都不再重要了。但现实情况是，我们往往只有在肿瘤形成和扩散后才能发现癌症。这真是令人心碎，”霍尔姆斯说，“我认为，不应该是这个样子的。”

2003 年，把学费作为资本，霍尔姆斯创办了 Theranos 公司。从大学集体宿舍的地下室开始起步，她致力于研发一种很小但却很复杂的手指针刺设备，这种设备能把从手指上抽取的血滴注入体积极小的纳米囊（nanotainer）之中。

但接下来发生的事情，才是这一深刻的创新所关注的东西。“我们必须寻找到一种能够快速出结果的化验或检验方法，”霍尔姆斯告诉我，“检验病毒或细菌的传统方法是培植，而我们则是测量病原体的 DNA，这会大大提高结果出现的速度。”

2013 年秋天，霍尔姆斯宣布同沃尔格林（Walgreens）连锁药房集团建立伙伴关系，此举使得 Theranos 走进美国各地 8 200 多家药店。对于患者来说，不必再专程去医院抽血，更不必为了等结果一等好几天，他们可以在当地的药房采集血样，化验结果当天就可以通过电子设备传送给医生，而且化验费用还不到传统实验室检验费用的一半。此外，Theranos 使用更便于阅读的电子图表方式发送化验结果，医生和患者都可以通过在线手段或者移动应用来获取它。

在未来的几年中，Theranos 也许可以为所有加入美国卫生保健机构的人提供此项化验。但对霍尔姆斯来说，这还远远不够。“我们的梦想是及时向医生和患者提出具有指导意义的信息，让他们能够及时采取措施，防止疾病发生，”她说，“我能追求的最高目标，就是这样的。”

创新者必备的 6 大技能

一名辍学的大学生如何研制出一项足以引发医疗保健领域的颠覆技术？旧金山两名入不敷出的设计师如何创办了一个突破性的共享经济型企业？马里兰大学橄榄球队的一名球员如何把 T 恤潮湿问题转变成了全球性的运动品牌？创新者这些颇具传奇色彩的故事听起来之所以不可思议，只是因为还没有人破解，是什么样的密码让这些卓尔不群的人获得了引发持续成功的牵引力。

而现在，我们终于知道了。

本书以对 200 位企业家的访谈为基础，建构核心内容。这些企业家或者创办了年收入超过 1 亿美元的公司，或者创办了服务对象超过 10 万人的社会企业（social enterprise），其中部分创新者创办的企业每年收入超过 10 亿美元。

这些企业分布于全美各地。我花了大量的时间对科技、零售、能源、卫生保健、传媒、移动应用、生物科技、房地产、旅游和酒店餐饮行业的创新者们进行访谈，下大工夫去了解他们的方法。在我研究的过程中，我曾亲眼见证，他们如何把一个个小概念做成了一个个大公司。

从创办了网络存储服务提供商 Dropbox（年收入 2 亿美元）、休闲快餐连锁餐厅 Chipotle（39 亿美元）、廉价航空公司捷蓝航空（JetBlue，57 亿美元）的创新者，到创办了各式各样其他成功企业的创新者，我发现他们在企业经营方面，有很多共同之处。

没有任何例外，创新者都将自己的工作描述为“做事情”，而不仅仅是“获得巨额财富”——他们的目标是在这个世界上留下一个印记。“这一代技术专家想要人们一起参与，共同完成各种有趣的事情，”eBay 创始人皮埃尔·奥米迪亚（Pierre Omidyar）对我说，“真是令人陶醉，激动人心，这创造了人类发展的一个全新阶段。”

通过对近 10 000 页访谈材料和 5 000 多件档案文献的分析，我试图去了解创新者（有时候会被当作不切实际的空想家）是如何颠覆竞争对手，重塑整个产业的。本研究以扎实的理论为基础，广泛应用了定性分析。我的访谈范围广泛，我对访谈记录进行了整理并按照其共同特性进行了概念归类。这些结果让我确定了一些概念范畴，以这些概念范畴为基础，我提出了 6 项基本技能的理论，正是这 6 项基本技能使得每一个创新者的成功成为可能。

为了检验和支持我的结论，我潜心研究了与企业家的事业相关联的各个领域的著作，包括组织行为学、心理学、社会学、创业学、经济学、战略学、决策理论和创造力研究领域，等等。我参阅了 4 000 页学术研究论文和报告，跟踪了数百项研究和实验，并多次向处于研究前沿的学者请教。这长达 5 年的研究历程，让我发现了创新者成功的 6 项基本技能。

创新者构想和创建价值亿万美元企业的能力并不是与生俱来的，他们为之孜孜以求。我发现，他们全都具有获得创造力的某些基本技能。让他们如愿以偿的这些技能，可以学习、实践并传递下去。本书各章主题如下：

1. 填补空白。保持敏锐的洞察力，创新者能够把握别人未曾发现的机遇。面对新的潜能、需要填补的空白或者未被满足的需求，创新者高度警觉。创新者喜欢用 3 种不同的方法：跨界移植概念；设计发展新路；融合不同理念。我把掌握这 3 种方法的创新者分别称为太阳鸟（Sunbird）、架构师（Architect）和整合者（Integrator）。

2. 目标驱动。就像是赛车手始终目视前方一样，创新者聚焦于未来，他们目标明确，身未至而心已远。通过确认车道的范围以及其他车辆的位置，创新者高速前进。他们聚焦于地平线，查看边界，避免怀旧，以便在快速变化的市场领跑。
3. 快速迭代。创新者随时更新他们的设想，在高速的发展过程中，他们观察、调整、决策并行动。像富有传奇色彩的飞行员、OODA 循环法的首倡者约翰·博伊德（John Boyd）一样，创新者机敏应变，不断做出一个又一个决策。他们掌握快速循环迭代（fast-cycle iteration），在短时间内抢占先机，将应变能力稍逊一筹的对手置于困境。
4. 不断试错。创新者明白，为了避免灾难性错误的发生，经历一系列小的挫折则必不可少。在实践和掌握这 6 项技能的过程中，他们会设置我所谓的失败比例，小赌一把，检验想法，从而培育快速恢复的能力。在变挫折为成功的过程中，他们千锤百炼，强化技能。
5. 网络思维。为解决纷繁复杂的问题，创新者通过组织线上线下的论坛汇聚智慧，群策群力。他们利用认知多样性，取长补短，相互启发。为此，创新者开发共享空间，培养明星团队，举办有奖竞赛，设计与工作相关的游戏。
6. 伙伴关系。创新者慷慨大度，他们总是乐于助人，常常共享信息、参与协作或者为同事创造机会。表面上看，伙伴关系不像是一种技能，但对创新者而言，这是必不可少的强化社会关系的方法。

在一个越来越透明，越来越亲密的世界，慷慨大度让创新者更加生机勃勃。

6 项技能并非是互不相干、各自独立的实践。每一个都为下一个提供条件，创造协同和动能。这 6 项技能究竟如何相互关联并相互作用，在图 0-1 中可以看到。

图 0-1　创新者的 6 项基本技能及相互关系

掌握这 6 项技能不需要任何特殊的专业知识，你不需要证书或学位。每一个愿意学习并付诸行动的人，都可以获得变思想为基业长青的企业的能力。尽管在这 6 项技能中，每个人都各有长短，但是我们越是熟练运用每一项技能，我们就越能够充分地把握好每一次机会。

当创新者把 6 项技能融会贯通的时候，奇妙的事情就会随之而来。创新者会吸引新同盟——员工、客户、投资者以及各种类型的协作者：员工变得忠心耿耿；客户变成免费的宣传员；投资者对公司的支持也会远远超出他所获得的财务回报。

如前所述，创业者就是这样不断尝试，进而取得成功的。他们之所以投身于这种有意义的工作，目的就是要有所作为。想要成为创新者中的一员，你需要去做的唯一一件事就是，理解和实践这 6 项基本技能。

THE

CREATOR'S CODE

01

是太阳鸟、构架师，还是整合者

技能 1：填补空白

******

太阳鸟，为旧理念赋予新用途

架构师，凭空创建新模式

整合者，把不同的概念结合起来

好奇心之痒

发现之道在于，见人之所已见，思人之所未思。

——阿尔伯特·圣捷尔吉[1]

① 匈牙利生理学家，1937 年诺贝尔生理学或医学奖获得者。——译者注

是太阳鸟、构架师，还是整合者

技能 1：填补空白

从孩提时代开始，埃隆·马斯克就会没完没了地向父母提出各种问题，他总是在尝试和探索。他对我说："我想我就是天生如此。"马斯克出生于南非城市比勒陀利亚（Pretoria），年少时代，他如饥似渴地阅读连环画和科幻小说，从头至尾通读百科全书。他热爱计算机，10 岁的时候，他自学了计算机编程；到了 12 岁，他就和弟弟金贝尔（Kimbal）一起，开发并售出了一款以外层空间为背景的视频游戏《爆破手》(*Blaster*)，这要归功于喜剧科幻小说《银河系搭车客指南》(*The Hitchiker's Guide to the Galary*)①，它教会了马斯克对公认的常识进行质疑。就像那本书里反复强调的，关键是要知道该提出什么问题。

受到好奇心的驱使，马斯克移居美国。"美国是一个探索者的国度。"他说。起初，马斯克移居加拿大，和亲戚生活在一起。为了支付大学期间求学的费用，他打过多种零工：帮人收割庄稼，在木材厂清理锅炉，身穿防护服清理化学药品，等等。到美国后，马斯克就读于宾夕法尼亚大学，大学期间他不断地向教授、同学和朋友提问，他甚至提出过这样的问题：

① 英国作家道格拉斯·亚当斯 1979 年创作的著名科幻小说，2004 年被搬上银幕。——译者注

“对人类未来影响最大的 3 种东西是什么？”

1995 年，马斯克意识到，“互联网就像是正在获得神经系统的人类”。他说：“过去，人和人之间的相互联系就像是细胞渗透。我们不过是沧海一粟。但如果你有了神经系统，信息就能够立即从你的指尖启程，向大脑进发，然后向下抵达你的双脚。互联网把人类变成类似于一个超个体的东西。”在斯坦福大学，马斯克加入过一个应用物理学领域的博士项目，但仅仅两天之后，他就激流勇退。他看到了互联网的潜能与实际应用之间的差距，而对这个问题，他更为感兴趣。他向 20 世纪 90 年代一家很热门的网络公司美国在线（AOL）投简历，打电话，甚至驱车登门拜访。他在公司门厅来回走动，希望能有人愿意和他聊上几句。可是，没有人搭理他。

投奔无门，马斯克和金贝尔用积攒下来的 2 000 美元，自己启动了 Zip2 项目，这是把媒体内容在线发布的最早业务之一。他们租了一间办公室，为省钱，他们用日本蒲团布置办公室，白天当沙发，晚上当床。需要洗澡时，他们就去当地的一家健身房。“你觉得你能替代得了它吗？”一名潜在投资者一边用嘲笑的口吻说，一边把一本电话黄页扔向兄弟二人。马斯克点头称是，随即转身离去。几个月之后，Zip2 开始在线发布诸如《纽约时报》公司、赫斯特集团（Hearst Corporation）① 这些传媒机构的地图和内容。4 年之后的 1999 年，康柏公司（Compaq）的 AltaVista② 部门以超过 3 亿美元的价格收购了 Zip2 项目。

马斯克利用新募集到的资金，转向研究支票问题。在他看来，支票是

① 世界上最大的多元传媒集团之一，总部位于纽约，创始人为报业巨头威廉·伦道夫·赫斯特。——译者注

② 功能全面的搜索引擎，曾经名噪一时，但现在其地位已被谷歌取代。即便如此，它仍被认为是功能较完善，搜索精度较高的全文搜索引擎之一。——译者注

一种令人痛苦的、过时的支付手段。由于需要邮寄支票并等待对方兑现票款，交易可能需要持续几个星期的时间才能完成。为填补这一空白，马斯克创立了一家名为 X.com 的在线支付公司。不久，X.com 和一家名为 Confinity 的创业公司合并，成立了 PayPal 公司。2002 年，eBay 公司斥资 15 亿美元收购了 PayPal。而对马斯克来说，这一切不过是刚刚开始。

马斯克继续创办了 SpaceX、特斯拉汽车公司（Tesla Motors）和太阳城公司（SolarCity）。从这样一位非凡的创新者身上，我们能够学到什么呢？是什么让马斯克这样的人能够一次又一次地抓住机遇呢？

诚然，突破性发现与人际关系、专业技能、天赋和资源有着某种关联。但可以肯定的是，芸芸众生即便拥有这些因素，依然不能把握机遇，而那些并未拥有很多这些因素的个人却取得了成功。这其中的答案会是什么呢？是独特的思维和感知方式吗？是因为马斯克（以及像他这样的人）有一种能够识别那些尚未满足的需要的敏锐性和好奇心吗？

本章讲述的是：什么使得创新者与众不同，什么使得他们能够以各种不同的方式发现空白并加以填补。**我把创新者分为三类：太阳鸟、架构师和整合者。太阳鸟，常常把在一个领域行之有效的解决方案略加调整，挪移并应用于另一个领域。架构师识别空白并加以填补，他们发现问题，设计新的产品和服务以满足未被满足的需求。整合者融合业已存在的概念，整合互不相关的方法，打造混合型的成果。**

虽然由于经验的限制，在众多的视角之中，我们只能从其中的一个角度来观察这个世界，但我们仍然可以学习以多种多样的途径去发现机遇。在不同类型的发现之道之间，创新者能够自由穿梭。

太阳鸟，为旧理念赋予新用途

“我看到一个问题就会去想，不要看问题在这个领域是怎么解决的，让我们走进完全不同的行业，如果将其他行业中的一些技术运用到当前的问题中，可能手到擒来。”发明家狄恩·卡门（Dean Kamen）说。借助于其他领域的技术，卡门创造了赛格威电动平衡车、AutoSyringe 自动注射泵和 iBot 全地形轮椅。“我发现，这个问题在别的领域已经有人解决了，我只是略加调整而已，”卡门做了一个鬼脸解释道，“而且每一次都能行之有效。”

卡门是一个活生生的科学狂人。他生活在新罕布什尔州贝德福德市（Bedford）一所巨大的六角形房子里。巧合的是，这所房子的外形就像是亨利·福特曾经拥有的一台巨大的蒸汽机。卡门每天驾驶着自己的直升飞机去上班。太阳鸟风格的卡门从直升机身上获得灵感，发明了心脏支架。Baxter 医疗公司曾经因为支架滑落到病人血管之中而饱受困扰，他们委托卡门研制一种更坚固可靠的模型。卡特发现，直升机螺旋桨叶片具有令人不可思议的抗压能力，卡门研究了它们的功能和构造，并将其应用于新支架的研制中。

创新者说
THE CREATOR'S CODE

我看到一个问题就会去想，不要看问题在这个领域是怎么解决的，让我们走进完全不同的行业，如果将其他行业中的一些技术运用到当前的问题中，可能手到擒来。

狄恩·卡门，赛格威电动平衡车发明者

卡门会把在某一个领域行之有效的解决方案重新运用到其他领域。在设计赛格威电动平衡车的过程中，为了保持车辆的稳定性，他借用了航空航天工业领域的陀螺仪技术。他发明的 iBot 轮椅，则利用了两套可以相互咬合转动的轮子，这就使得轮椅使用者能够“走”上一段楼梯或者完全站立起来。他的卢克臂膀假肢（Luke Arm prosthetic device）能让假肢使用者几乎全方位活动。这个名字取自《星球大战》（*Star Wars*）中的人物天行者卢克（Luke Skywalker），卢克臂膀假肢设计了 14 个传感器来检测温度和压力，使用者装上这种假肢，用钥匙开锁或者抓牢水瓶都不成问题。

卡门最伟大的发明也许是他创办了 FIRST 组织①，这个组织开发了一项非营利性活动，它借用体育竞赛的赛事规则，让数学和科学教育变得更酷。“我要发明一种技术和科学的运动，相比‘跳，弹，投’这样的三步上篮，这项运动在技巧组合上要求更高。”卡门这样解释。借用运动中快速决定输赢的方法，他设计了一种为期 6 周的科技锦标赛。在这个赛事中，各学生代表队在机器人技术领域展开竞赛。他们的任务是，用一盒标准的零件制作机器人。“如果你想要见识一下真正的大学团队，我会让你看到，这才是一场真正的大学运动，”卡门俏皮地说，“还有一个很靠谱的事情就是，不管你的体重身高，也不管你是男是女，你都可以加入到同一支团队。”2014 年，超过 40 万名学生参与到 FIRST 赛事之中。

THE CREATOR'S CODE
破解密码

是什么使得一个人成为太阳鸟呢？首要的也是最显而易见的标准就是，太阳鸟从现已存在的某些东西中获取资源，并把这种模式迁移到创造新事物的过程中。他们跨越地域和行业的局限，对现已存在的概念重新定位，赋予其新的形态，并使其重获生机。

就概念而言，太阳鸟是一种原本生长于非洲、亚洲

① FIRST 组织，意为“为了科技的灵感与认知”。这个非营利组织的宗旨是让科技活动像体育与娱乐那样吸引孩子们。——译者注

和部分美洲地区的小鸟。像北美地区的蜂鸟一样，太阳鸟主要依靠花蜜生活。它们在花丛之间翩翩起舞，在不同的花朵之间转移花粉。

在这里，我们可以用一种简单的方式，描述一下太阳鸟类型的创新者是如何发现机遇的。他们发现了行之有效的概念，证明了赋予一种理念以新的用途可以是一种强有力的创新手段。太阳鸟对一个领域的解决方案进行移植，以满足另一个领域的需求。

例如，星巴克首席执行官霍华德·舒尔茨（Howard Schultz）并没有发明意式咖啡吧——他只是借用。但舒尔茨敏锐地预见了咖啡吧这一事物在另一个区域的情形，他富有远见地将其引入了美国。

在一次前往意大利的商务旅行中，舒尔茨好奇地发现，人们常常聚集于当地的咖啡吧，品尝着意式咖啡，享受着和邻人的聚会。“这些咖啡吧提供的是一个舒适的、社区的、从家庭扩展出去的空间。”舒尔茨说。在诸如米兰这样的地方，咖啡吧是城市文化的重要一部分。而在当时，假如美国人想要在出去溜达的时候能喝上一杯咖啡，大概只能在小饭馆里了。舒尔茨发现了咖啡吧可以作为“第三空间”：在工作和居家之间，咖啡吧可以作为一个公共场所。而美国恰恰缺乏这种地方，舒尔茨发现了一个移植成功理念的机遇。

但是，刚开始的时候，舒尔茨并没有能够完全把握好机遇。舒尔茨初次尝试在美国开办意式咖啡吧的时候，他创办了名为 Il Giornale 的连锁咖啡吧，从服务生脖子上的领结到作为背景音乐的歌剧，这个咖啡吧完全复制了意式咖啡吧的模式。但舒尔茨很快意识到，西雅图的顾客对这样的体验并不是很享受。于是，他对概念略作调整：用爵士乐和布鲁斯取代歌剧，增加座位，让顾客不必再站在吧台边饮用咖啡。之所以有这种改变，是因为舒尔茨发现，美国人需要这样一个环境，在其中他们能够一边小口地呷着咖啡，一边舒适地在笔记本电脑上工作。

THE CREATOR'S CODE
破解密码

太阳鸟类型的创新者能够识别一个行之有效的概念，以某种恰当的方式将其移植到其他地方。这个概念最初是如何发挥作用的？为什么发挥作用？什么样的相似性或者不同点能让它再次发挥作用？这些都是他们所要研究的。像舒尔茨这样的太阳鸟，会反复琢磨这些问题。

凭借速溶咖啡，星巴克获得了另一个太阳鸟式的飞跃。以粉末形式保留咖啡豆浓郁味道的工艺，源起于一项保存血红细胞的医药技术。生物学家唐·瓦伦西亚（Don Valencia）在自己的实验室里完成了冻干浓缩工艺的研发，他送给舒尔茨一杯运用这项工艺制成的速溶咖啡。瓦伦西亚不只是研发出了一项冻干血红细胞技术，他发现，这种工艺还可以应用于咖啡。这项不期而遇的的发现让舒尔茨激动不已，他聘请瓦伦西亚执掌星巴克的研发团队。借助这项工艺，星巴克仅仅用了一年时间，就占有了美国优质单杯式咖啡 30% 的市场份额。

太阳鸟移植解决方案的距离越远，取得突破性成就的可能性就越大。差距可能收窄，引发持续的革新；差距也可能变宽，从而创造出更新奇的事物。

类比的力量

为了移植那些普通人未曾发现的概念，太阳鸟运用了类比的力量。

类比的作用体现在两个层次：表层类比（Surface analogy）和结构类比（Structual analogy）。前者描述的是产品设计和产品特征方面共有的相似性，而后者则反映了相似的潜在因素。

霍华德·舒尔茨观察到欧洲的咖啡文化，将其引入到美国，他运用的是表层类比。后来，舒尔茨对原本运用于冻干血红细胞的技术进行投资，他运用的则是结构类比。

对于太阳鸟来说，如果概念和应用有着结构上的相似性，那么成功的概率就会上升。据说，约翰内斯·古登堡（Johannes Gutenberg）是在调试红酒压榨机的过程中获得灵感，发明了印刷机。古登堡看到农夫们榨葡萄汁时不断重复的压制过程，他认识到，同样的机械作用可以用来在纸张上涂写油墨。

太阳鸟深入研究潜在因素。乔治·德·梅斯特拉尔（George de Mestral）看到毛刺上细小的挂钩粘住了狗的皮毛，产生了 Velcro 搭扣的想法。俄勒冈大学田径教练比尔·鲍尔曼（Bill Bowerman）研究了妻子的华夫饼模具，通过调整这种模具产生的细小钉状花纹，他发明了耐克最初的华夫格底纹跑鞋。

识别和移植概念并不总是像看上去那么容易。南美洲的印加人曾经为小朋友们制作了有轮子的玩具车辆，但他们从来没有更进一步，制造出尺寸合乎需要的两轮或四轮货车。相反，他们搬运重物的时候，要把搬的东西放在木杆上，使用牲畜来拖拽。印加人能够观察行星和恒星，预测季节变化。他们的外科医生，技术高超。他们用熟练的数学技能，设计了复杂的道路和建筑。但是，他们始终没有能够在玩具车的轮子和他们自身的运输需求之间建立起联系。

THE CREATOR'S CODE
破解密码

“你只要花上一分钟时间，认真地想一想，比较对照一下，那么，用已知的原理发现和连通未来概念的可能性，就会增长两三倍。”美国西北大学认知科学项目主任黛德丽·金特纳（Dedre Gentner）说。聚精会神的投入，能够激活大脑，把我们的所见所闻重塑成有用的新的概念。通过对管理咨询师、会计师、商学院学生、研究生的实验，金特纳发现，进行类比有助于人们对已知的东西加以利用。“把类比推向极点，这会让你取得突破，”金特纳说，“不要说‘该死，这没什么用’，而是要问，‘我能找到它们之间有哪些相似的地方呢？’”

“取得工程学博士学位之后，我做了一些对工程师来讲很不寻常的事情。我开办了一家外科实验室，”麻省理工学院朗格实验室创始人鲍勃·朗格（Bob Langer）对我说，“我当时试图运用工程学解决医学问题。”把化学工程学原理应用于人体，朗格分离出了一种能够阻断向癌细胞供血的血管再生抑制剂，随后，他又发明了一种能够用来封闭创口的新聚合物，这种聚合物能够植入肿瘤并在肿瘤中缓慢释放。朗格的突破创造了一种全新的药物输送系统，这种系统现在已经成为抗击癌症及其他疾病（从糖尿病到精神分裂）的一种关键性武器。

在麻省理工学院，朗格掌管着世界上最大的生物医学工程实验室，从这个实验室分离出来的年收入过亿美元的生物技术创业公司超过25家。朗格的灵感来自方方面面，自然、文学、媒体和科学，除此之外还有大量的其他资源。

在最近一项发明中，朗格把生物技术同计算机行业加以类比。“我看了一个有关计算机行业如何制造微晶芯片的电视节目，我的全部想法开始形成就是在那个时候，”朗格说这些时，我们正围坐在离心机实验室的椅子上，“看到这个节目，我一边看一边想，嗯，也许这能成为一种全新的向病人输药的方式。”

微晶芯片是对英特尔微处理器的模仿。“在这种微晶芯片中，你可以开启具体的通道向病人输送药物。”朗格解释道。人体微晶芯片通过一个可以植入到病人体内的微型装置发挥作用。通过特殊的无线电频率，这种装置可以实现无线编程。手机或者其他外置设备向芯片发出信号，通知芯片何时向病人提供何种药物，并对整个过程加以记录。“想要打开你的车库大门，你也可以通过类似的远程控制方式。”朗格用另一种类比描述了这种芯片的工作原理。

2012年，这种“芯片上的药房”已经成功地应用于骨质疏松症病人的日常用药管理。骨质疏松症每天都需要注射治疗，而内置微晶芯片的应用可能开启一个轻松的、无痛治疗的新时代。

朗格取得的另一个太阳鸟式的飞跃就是，他从壁虎的脚部获得灵感，发明了一种能够包扎固定体内组织的手术绷带。通过对壁虎抓墙本领的研究，他设计了一种外表涂有胶质的聚合物，这种聚合物能够紧紧附着于体内组织。就这样，一种可以替代伤口包扎的传统方法（比如缝合）的胶布绷带诞生了。这种绷带附着于不平整表面，能够在体内分解，并且对身体无害。

THE CREATOR'S CODE
破解密码

在如何赋予事物以新用途的问题上，太阳鸟不允许某个领域由来已久的社会成见或市场成见发挥决定作用。当然，太阳鸟并不只是通过移植当前的观念来发现机会的，他们还会赋予陈旧落伍的观念以新的生命。

几乎从有车库时起，人们就已经开始了车库销售。但这并不能阻止28岁的软件工程师皮埃尔·奥米迪亚在1997年彻底更新这一观念。“我想要做的，就是把那些在线下世界真正行之有效的东西——也就是贸易和商业——带入到线上世界。”eBay创始人奥米迪亚说。在eBay最初的概念中，太阳鸟类比处于核心地位。

“我想做的事情之一就是，向各种各样的声音开放我自己——不仅向最敏锐的战略家、最才华横溢的人，而且向那些平常人，”奥米迪亚对我说，“我要把自己暴露于文化冲击之中，在你与使用不同语言的人交谈时，这种冲击就会发生。”

与此相似，克雷格·纽马克（Craig Newmark）创建了克雷格列表（Craigslist，一家分类广告网站），这使得传统的分类广告及时前进了一步。Stella & Dot珠宝品牌创始人杰西卡·赫琳（Jessica Herrin）创造了玫琳凯（Mary Kay）的直销模式，打造了一个2.2亿美元的企业，支持16 000名妇女同时线上线下销售珠宝。拉里·佩奇（Larry Page）和谢尔盖·布林（Sergey Brin）

创新者说
THE CREATOR'S CODE

我想做的事情之一就是，向各种各样的声音开放我自己——不仅向最敏锐的战略家、最才华横溢的人，而且向那些平常人。我要把自己暴露于文化冲击之中，在你与使用不同语言的人交谈时，这种冲击就会发生。

皮埃尔·奥米迪亚，eBay创始人

更新了斯坦福大学学术论文排名方法网页排名（PageRank），开发出谷歌搜索引擎的算法。

“很多人都曾经以为搜索问题早已解决，”斯坦福大学校长约翰·亨尼斯（John Hennessy）说这些话的时候，我们正坐在斯坦福大方院（Stanford Quad）他那洒满阳光的办公室里，AltaVista 已经在那里了，他们做了大量的工作，按照信息出现的顺序加以抓取和呈现。”

但是 AltaVista 所提供的大量的信息是没有分类的。“在 AltaVista 搜索，”斯坦福大学的这位校长回忆道，“如果我输入 Hennessy，最先跳出来的可能是 50 个不同的轩尼诗干邑（Hennessy cognac）的网址，”他笑着说，“在格哈德·卡斯珀（Gerhard Casper）担任校长期间，他曾经抱怨说，当他搜索 Casper 这个词的时候，搜索引擎提供的结果是儿童电影《鬼马小精灵》（*Casper the Friendly Ghost*）。对于一个宪法学专家来讲，这并不是什么好玩的事情。”

佩奇和布林，当时正就读于斯坦福大学，他们意识到网页排名背后的理念可以运用到在线搜索结果的排名当中去。“谷歌是以对现存技术的重新应用为基础的，”亨尼斯解释说，“这两个并不认为搜索问题已经解决的年轻人，只是把旧有的技术运用到了新兴的网络搜索中而已。”

THE CREATOR'S CODE 破解密码

在实现太阳鸟式飞跃的过程中，如何提高成功的可能性呢？面对那些看上去可能互不相干的信息，既要深思熟虑，也要机动灵活，这是重要的第一步。太阳鸟积极类比，不断追问如何对现有的知识重新加以运用。回想过去相似的情境，常常会推动新想法的产生。太阳鸟常常思考这样的问题：一种策略在第一个地方是如何发挥作用的？原因何在？如果把它引入到新的平台上，情况又会如何？

不是去努力发明一种新的心脏支架，而是对直升机螺旋桨桨片展开想象；不是去开发一种输送药物的新方法，而是对英特尔芯片加以研究；不是去生产普通的速溶咖啡，而是把药物冻干技术移置于保持咖啡独特风味的需求之中。要想深入理解太阳鸟是如何进行思考的，请仔细考虑一下下面的问题：

假设你是一名医生，面对的是一位腹部恶性肿瘤患者。患者不能接受手术。但肿瘤消灭不了，患者就会死去。有一种可以杀死肿瘤的射线。如果射线能够立即以足够的强度抵达肿瘤，肿瘤就会被杀死。不幸的是，射线抵达肿瘤需要从健康组织中穿过，按照这种强度，这些健康组织同样会被杀死。如果强度较低，射线对健康组织无害，但也不会对肿瘤产生影响。那么，是否有方法既可以杀死肿瘤，同时又能避免损害健康组织呢？

在一次认知心理学实验中，密歇根大学的玛丽·吉克（Mary Gick）和基思·霍利约克（Keith Holyoak）提出了这个问题，能够找到答案的被试不足 10%。但是，确实有一种方法能够提高挽救患者生命的概率。要想找到这种方法，可以从一个看上去毫不相干的故事中寻求启发：

有一个小国，被独裁者统治。独裁者占据了坐落于国家中部的坚固城堡，庄稼和村庄环绕在城堡四周，很多条道路从乡村通往城堡。起义者推举了一名将军攻克城堡。这位将军清楚，只要他的全部人马都能加入到攻占城堡的队伍中，就一定能够攻克城堡。在一条路的尽头，他集结队伍，准备发起全方位的直接进攻。但是，这位将军很快意识到，在通往城堡的每一条路上，独裁者都已经布满地雷。由于独裁者需要他自己的军队和工人进出城堡，这些布满地雷的道路，只有小队的人马才能够安全通过。大队人马从这些道路上通过，就可能引爆地雷。这不仅会炸毁道路，也可能炸毁许多邻近的村庄。由此看来，攻占城堡几乎没有可能。

将军制订了一个简单的计划。他把自己的人马分编成一支支小队，部署于不同的路端。只要每支小队都能沿着脚下的道路进发并直抵城堡，那么，全部人马就能够同时抵达城堡。通过这种方式，将军攻克了城堡，推翻了独裁统治。

当参与肿瘤问题实验的人们听到这个攻克城堡的故事之后，大约 75% 的人想到了治病救人的办法。他们能够把从军事行动中获得的洞察力，运用到医疗救治的情境之中。他们找到这样一种办法，让医生把射线分割成更小的剂量，从不同的角度加以照射，这样既有足够的强度摧毁肿瘤，又能同时保护周边健康组织不受侵害。通常情况下，在救治胃癌患者的时候，人们都会把注意力集中于肿瘤和化疗方案。他们推断说，这个病人将不久于人世。但是，当我们开动脑筋寻找各种不同的类比时，替代性的解决方案就可能会在脑海浮现。

太阳鸟热衷于在别人不留意的地方仔细观察。在很多情况下，他们只需了解其中很小的一个点就能获益匪浅，在看似无关的领域赋予知识新的功能。

但是，如果认为像太阳鸟这样通过输入输出移植观念的做法，只是把握机遇的唯一途径，那就错了。一些创新者令人耳目一新的解决方案，完全是从底部建立起来的。

架构师，凭空创建新模式

2001 年的一天，埃隆·马斯克和他在佩恩（Penn）时的室友阿多·雷西（Adeo Ressi）被堵在长岛高速公路缓慢的车流中。他们开始漫无边际地琢磨，自己职业生涯的下一步该做些什么。两个人当时都已是成功的企业家。雷西创办了软件开发公司 Methodfive，马斯克的 PayPal 公司正准备上市。他们一边开车一边聊天，话题转到了星际空间探索领域。一个人该做些什么，才能实现星际探索的梦想呢？刚开始的时候，他们把这当作一个玩笑，放过了这个问题。他们一致认为，太空旅行不仅费用昂贵，而且麻烦事很多。但是，伴随着车流的缓慢移动，他们很想知道，这件事情到底有多难。行驶了几公里之后，他们尝试着计算航天器的花费。他们把太空旅行拆分成不同的部分，分别加以讨论。接近曼哈顿中心隧道的时候，他们开始想要知道，美国国家航空航天局计划何时登陆火星。

马斯克径直打开电脑，登录美国国家航空航天局的网站，寻找火星登陆计划的相关信息。但是他没有找到登陆火星的时间表。为什么？“我希望看到我们的想法恰逢其时，但网上没有任何信息。”他说。马斯克想要做的事情之一，就是用他新获得的财富去支持自己对太空的兴趣。马斯克设想把一个依靠水化营养胶培育植物的小型温室送到火星表面，他称这个温室为“火星绿洲”（Mar Oasis）。“在这个能把人烤焦的红色星球上，你能拥有绿色植物，这真是够酷的。”马斯克满怀激情地说道。然而，当对实现这一梦想所需要的各种因素进行评估时，马斯克遇到了一个问题："其他所有费用我都能够压缩，但是火箭的开支我却无能为力。"

马斯克奔赴俄罗斯，探究购买翻新的洲际导弹的问题。通过谈判，他把价格压到了每枚 2 000 万美元，尽管这比起美国 6 500 万美元的价格已经便宜太多了，但是马斯克发现，这个价格他仍然难以承受。

为了搞清楚有没有可能研制一种能够大幅降低太空探索成本的更高级的火箭，马斯克招募了航天工程师、创业顾问吉姆·坎特雷尔（Jim Cantrell），通过坎特雷尔，马斯克又找到了居住在莫哈维沙漠（Mojave Desert）边缘的火箭推进工程师汤姆·缪勒（Tom Mueller）。缪勒曾经在自己的车库中制造过一个火箭发动机。

与坎特雷尔和缪勒一道，马斯克组建了一支团队，对如何制造一个价格低廉的运载火箭的问题，进行可行性研究。事情越来越清楚，没有什么困难挡住前路。"我想我们自己就能够把它研制成功。"马斯克宣称。

从第一原理出发

是什么使得一个人成为架构师？这些创新者发现了空白，作为"白纸一张"的建筑商，他们从最基本的问题开始构建自己的解决方案。就像是设计摩天大楼的那些专业的建筑师一样，他们具有一种独特的能力，既能发现空白，又能对彼此孤立的各部分之间如何按照一种新的设计逻辑组合在一起富有洞见。

THE CREATOR'S CODE
破解密码

架构师从寻找什么东西不存在开始。他们竭力捕捉缺失的东西，而不是已经存在的解决方案。他们聆听沉默的声音，关注别人忽略的东西。一旦发现最细微的反常，架构师们就会问一个“为什么”。我们很多人都曾邂逅过异常或者空白的情况，但我们习惯于用已经存在的参照系来使矛盾合乎常理。架构师不会错失矛盾之处。对自己发现的东西，他们紧抓不放。

现有的火箭为什么如此昂贵？马斯克对此耿耿于怀，他开始对此展开研究。正如他曾设想的那样，火箭成本居高不下的原因在于，火箭研制一味追求最高性能，而对费用问题却漠不关心。火箭都是按需定制的，而且不会被二次使用，几乎没有例外。如果每一架波音 747 飞机在完成纽约到伦敦的飞行之后就被弃之不用，那么空中旅行的费用也将会高得离谱。马斯克进一步推论说，是否能够重复使用，这才是问题的症结。而且，为了避免风险，政府都是按照成本加利润的价格从大公司购买火箭的。波音（Boeing）、雷神（Raytheon）、洛克希德·马丁（Lockheed Martin）以及其他公司所使用的、分包商制造的火箭部件，都开发于 20 世纪 60 年代，这也大大增加了成本和问题的复杂性。“我们需要一个新的公司，强力推动技术进步。正是出于这样的考虑，我创办了 SpaceX。”马斯克说。

THE CREATOR'S CODE
破解密码

架构师相信，发现源于缜密的质询；他们葆有孩子似的天真和初学者的心态。面对所有的假设，他们都要追问，“有没有可能另辟蹊径，取得同样的结果？”

马斯克的事业起步于这样一个问题："火箭是由什么做成的？"制成火箭的材料有航天级铝合金、钛、铜、碳素纤维，以及其他一些东西。这些材料在商品市场上价格如何呢？原来，火箭的材料成本还不到火箭成本的 2%。这让马斯克确信，自己制造的火箭成本一定会大大降低。运用汤姆·缪勒设计于车库的莫林发动机，马斯克开始一点一点地建造自己的运载火箭。当一个供应商告诉他，制造一个更小一点儿的真空管，需要 25 万美元和一年时间之后，马斯克开始自己在室内制造真空管。当另一名供应商提高了油箱铝盖的价格时，马斯克就在位于加州霍索恩市（Hawthorne）的 SpaceX 工厂后面，启动了铝盖生产设备。一个接一个，今天，80% 的火箭部件都是 SpaceX 在室内制造的。

"创办 SpaceX 之前，我从来没有制造过任何东西，"马斯克对我说，"大型的物体是如何制作出来的，我一无所知。"但马斯克能够把事物归结为基本原理，并由此展开研究："我倾向于从最基本的原理开始，一步一步接近事物的本质。"

第一原理（First Principle）是理论得以建立的基础性要素。在数学中，第一原理是假设或者公理。在物理学中，运算可以说是"起步于第一原理"，而第一原理的基础则是基本事实。在哲学中，第一原理被定义为基础性假设，亚里士多德将它们描述为体系得以建立的根源。**架构师从第一原理出发进行研究，寻找空白点，识别一个又一个假设，并试图理解每一个要素可能存在着什么样的挑战。**

闯出一条新路，经常得不到认可，这需要坚韧不拔的毅力。"无疑，我们有很多问题。"马斯克承认。2006 年 3 月 24 日在马绍尔群岛（Marshall Island）的试验场，马斯克进行了第一次火箭试射。就在火箭即将升空之际，燃油泄漏引发发动机着火，火箭骤然跌落。一年以后，一次震荡运动导致第二次火箭试射失败。2008年8月3日，第三枚火箭坠落大海。按照合同，这枚火箭上搭载着美国国家航空航天局的设备和演员詹姆斯·杜汉（James Doohan）的骨灰，杜汉在早期的电视连续剧《星际迷航》（*Star Trek*）中扮演斯科蒂（Scotty）。"这让我非常有压力，确实非常糟糕。"马斯克回忆道。第一个环绕地球的美国人约翰·格伦（John Glenn）公开批评马斯克，称其所作所为不过是利用太空牟取商业利益。马斯克当时已经花掉了自己的1亿美元，不得不筹集外部资本尝试新的发射计划。就在第三次试射失败后的第四天，马斯克在SpaceX的博客中写道，他对"问题的根源已十分明确"。

"三，二，一，升空！"伴随着橙红色的闪光和灿烂的云烟，在500万牛推力的推动下，一枚22级的火箭插入苍穹。火箭顶端是龙飞船（Dragon），它将很快与国际空间站对接，为空间站工作人员补给新鲜的食品和衣物，并增加一些新的科学实验。美国国家航空航天局卡纳维拉尔角（Cape Canaveral）的控制塔里爆发出了热烈的掌声，发射成功，这是确定无疑的。但是，击掌欢呼的不是美国国家航空航天局的工程师们，也不是军事工业领域的官员们，而是身着卡其布短裤和T恤衫的埃隆·马斯克以及由他带领的一小队人。这一天是2012年5月22日。

9天后的2012年5月31日，第一个由私人设计、建造和发射的航天器，再次向国际空间站提供补给，随后龙飞船与国际空间站分离，再次进入地球大气层。这创造了历史！"成功溅落[①]！！"在社交网站Twitter上，马斯克宣布航天器顺利完成使命——这比预定时间提前两分钟。

① 指人造卫星、宇宙飞船等返回地球时，落到指定的海域。——译者注

今天，SpaceX 从美国国家航空航天局承担了超过 16 亿美元的向国际空间站提供二次补给的合同项目，已经按要求发射火箭 36 次，并雇用了 3 000 名员工负责火箭发动机的设计和制造工作。

马斯克成功研制了一系列下一代火箭（next-generation rockets），这些火箭能够将有效搭载的太空舱送入太空，其费用只是美国国家航空航天局以及欧洲航天局等国有空间计划所研制的火箭的一小部分。作为一个自学成才的工程师，马斯克建造火箭和太空舱的费用，大体上只有发射航天飞机费用的 1/10。

然而，马斯克更宏伟的目标是，让生命能够在多个行星上生存。在对几十亿年的进化史进行了令人眩晕的快速回顾之后，马斯克告诉我，进化的下一步就是把生命带到火星上。只有大大降低成本，这才存在可能性，而且这将需要开发可重复利用的技术。“现在我们正着手进行垂直起落型火箭的早期测试，”马斯克兴奋地说，“有点儿像科幻电影——火箭在一片火焰之中起落。火箭就应该这样工作。”

架构师都是问题发现者。他们能识别摩擦点、瓶颈和并发症，周密制订新的解决方案。

创办 SpaceX 一年之后，马斯克注意到，通用汽车（General Motors）从它的客户（承租人）中强制召回电动汽车（Electric Vehicle1，EV1）并且将其压毁。EV1 司机举行了烛光守夜。“就是在这个时候，我想到，有必要研制特斯拉汽车，”马斯克说，“这可以刺激这个行业重新返回可持续运输工具的研制上。”

为了弄清楚如何更便宜地装配火箭，马斯克曾把火箭大卸八块，拆解成基本的零部件；为了研制全新的电动汽车，马斯克分解电池，测算成本，充分运用第一原理。目前市场上，电池供电每千瓦时的成本约合 600 美元。马斯克对伦敦金属交易所的碳、镍、铝、钢材的现货市场价值进行了估价，把电池组的这些主要组件的成本加起来汇总以后，他得出结论，合计价格能够非常接近于每千瓦时 80 美元。马斯克相信，电池驱动的汽车将继续提高性能，降低成本。

2006 年，马斯克注意到，普通的美国自有房房主之所以不愿意安装屋顶太阳能面板，原因在于成本太高。看到了安装统一分布式太阳能面板的需求，他和侄子林顿（Lyndon）及彼得·赖夫（Peter Rive）创建了太阳城公司。太阳城公司设计、安装并监测太阳能面板，与它有合作关系的银行和大公司为其提供融资服务。由于实现了供暖成本的持续降低，消费者的投资得到回报。

THE CREATOR'S CODE
破解密码

“困难何在？”架构师通常会这样问。他们相信，一旦认识到问题，你就已经走在解决问题的路上了。挑战虚无缥缈，就像马斯克致力于“解决人类的问题”；挑战也如此实用，就像怎么能让内衣更舒服。架构师对令人恼火的事情时刻保持警觉，他们能够发现机遇。

萨拉·布雷克里当时是亚特兰大市的一名销售人员，每个工作日，她都要花费大量的时间，冒着佐治亚州的高温，往来于各个公司的办公室之间，上门推销传真机。为了看上去更有职业范儿，布雷克里常常在裤子底下穿着连裤袜。她对尼龙连裤袜又爱又恨，因为尼龙可以塑造体型，但穿在身上却很不舒服。而且连裤袜的接缝处会从她露脚趾的中跟鞋里探出来。为了弥补这个缺陷，她剪掉了连裤袜的脚部，但因为尼龙会缓慢地向腿上移动，问题并没有得到解决。

布雷克里到百货公司咨询，自己应该在宽松的裤子下面穿什么。“她们总是把我带到塑形内衣部，向我展示那些又肥又厚的有腰带的骑行者短裤。”布雷克里回忆道。这些东西是绝对不可能穿在白裤子下面的。还有人建议我系上腰带。“哎，对于我身上的脂肪块来说，这些都无济于事。系上腰带，我仍然感到裤子底下不是很安全。”她抗议说。其他妇女是怎么做的呢？内曼·马库斯百货公司（Neiman Marcus）一位销售助理告诉她，“很多妇女都已经剪掉了连裤袜的脚部，她们用橡皮带来固定裤脚”。对布雷克里来讲，证据已经足够了。“我看到的情况就是如此，”她说，“这是一个机会！”

布雷克里从来没有学过一节商务课程，也从来没有时装经营的经验。在佛罗里达州，她的专业是法律，但她说自己两次“参加法学院入学考试（LSAT）都惨遭淘汰”。在推销传真机之前，她曾经就职于迪士尼乐园，在那里她穿着棕色的聚酯制服，引导游客从自动人行道进入游乐设施。

但是，布雷克里总是独立思考。她着手自制无足连裤袜样品，并开始向内衣工厂进行电话推销，然而，没有人愿意听她讲述。“我没有办法，只好上门推销，”布雷克里告诉我，“所以我一个星期都没有上班，驱车来到北卡罗来纳州，拜会那些挂断我电话的人，亲自恳求他们。也就是这个时候，我认识到，他们全都是男人。”

布雷克里千方百计解释自己关于无足连裤袜的想法，千方百计解释自己想要用袜子的材料制作塑形内衣的原因。没有人理解她。这时候她才明白——也许，连裤袜之所以这么不舒服，原因就在于此吧！生产连裤袜的和穿连裤袜的并不是同一类人。“你知道这事情有多可悲吗？”布雷克里问男性制造商，“午餐的时候我们要放松腰带。我们要把它撑裂了。呼吸都成问题！”

拜访了一系列工厂之后，她开始分析问题所在。制造商为了降低成本给所有的产品配了一条均码的腰带。小号和特大号都用同样的松紧腰带制成。检验产品的时候，男人站在剪贴板前对着塑料模板说：“是的，这是个中号。”但是从来没有一个女人试穿过这种连裤袜。

尽管她出差到焦油脚州（北卡州的别称）同供应商进行了面对面的交流，布雷克里仍然遭到拒绝。但是，两个星期以后，她接到了一个电话。Highland Mills 内衣厂的经理对她说：“布雷克里，我决定接受你这个怪异的想法。”这位经理的三个女儿一天在吃饭的时候改变了他的想法，她们说：“爸爸，这真是一个聪明的点子。你应该帮助这位姑娘。”

架构师不屈不挠奋力向前，但常常得不到外界的认可。第一年，布雷克里只能同那些愿意帮助她推进这个事情的厂商和律师交流自己的想法。“我们大多数人都想把自己的想法告诉合作伙伴、朋友、家人，为什么这样呢？因为我们想要他们说，‘嗯，这个想法不错。’我们需要得到认可。但我觉得，这些想法在还没有成熟之前是最不堪一击的，”布雷克里说，“出于爱和关心，朋友和家人会给出所有的理由或者反对意见，告诉你为什么不应该这样做。我没有去冒这个风险。”创新观念需要假以时日，重构问题则需要坚韧不拔。

“这有点儿像一些人在打出本垒打时会非常高兴一样，对我来说，最高兴的事情就是搞清楚了做事情的一种更好的方式，”布雷克里对我说，“但是，按照自己的方式完成这件事情，需要有巨大的热情。”

布雷克里想要为自己的想法申请专利。她拜访了亚特兰大几个顶级的律师事务所，向律师事务所的男听众介绍自己的产品。很显然，要让这些人认识到她的发明的市场潜力，可不是一件容易的事情。有一名律师不停地神经质地四处打量着房间，这位律师后来承认，当时他觉得布雷克里的想法简直就是恶作剧，而他自己则是被偷偷地拍进了一个真人秀节目。有人愿意收费 3 000 美元，帮她编写专利。考虑到费用实在是太高，她买了一本书，学习如何自己编写专利。她赢得了母亲的支持，她的母亲是一位水彩画家，帮她画产品设计草图。她又花费了 700 美元找到一位律师，撰写她所需要的法律条款。

布雷克里听说,产品名称中的“K”这个发音能够吸引消费者的注意力，比如可口可乐或者柯达。一天，正在开车的时候，她突然冒出这样一个想法：她应该把她的产品命名为 Spanks。后来，为了让这个商标有更高的识别度，她把这个名字改写成 Spanx。

THE CREATOR'S CODE
破解密码

只有在对要做的事情了如指掌时，人们才会感到自信，但是架构师们开发新产品的时候没有任何人指点他们。他们相信自己可以找到更好的方式，然后奋力向前，无须得到肯定。

创新者说
THE CREATOR'S CODE

没有人告诉我如何做生意，对我来说，这其实是一件幸运的事情。

萨拉·布雷克里，Spanx 创始人

“没有人告诉我如何做生意，对我来说，这其实是一件幸运的事情。”布雷克里说。例如，她只是通过电话就搞定了内曼·马库斯百货公司的一个采购员，说服她能够抽出 10 分钟时间同自己见个面。为了展示问题和自己的解决方案，布雷克里把这个采购员带入女更衣室，躲进一个小隔间，几分钟后把 Spanx 穿在裤子下面走了出来。后来，人们问她："你是怎么样搞定内曼·马库斯公司的？"这个行业通行的做法是在商品展销会上展示产品。"我打了个电话。"布雷克里面带微笑地说。那个时候，她压根就不知道商品展销会的存在。

"今天，我问我的员工，如果不知道如何完成工作任务，你会怎么办？"布雷克里告诉我，"只要用 15 分钟时间，把你所知道的一切忘得一干二净。如果没有人指点，你会怎么办？"她举了一个例子，用以说明一种新的胸罩可能如何被开发出来的过程：我只是看见了胸罩，我想，胸罩为什么是这个样子呢？为什么胸罩当初会被设计成这个样子呢？因为现有技术只能做成这个样子吗？怎么才能让它更加舒适呢？背后那两根挤疼我们皮肤的松紧带真的有用吗？这个问题我们该怎样重新考虑呢？现在已经变成畅销品的 Spanx 旗下的 llelujah 胸罩，当初就是通过对这些问题的追问而开发出来的。架构师拿着一个司空见惯的物品就会问："它为什么会是这样？什么能使它变得更好？"

每一个人，从好莱坞影星茱莉娅·罗伯茨（Julia Roberts）、格温妮斯·帕特洛（Gwyneth Paltrow）、杰西卡·阿尔芭（Jessica Alba），到隔壁的邻居和工作中的伙伴，都对 Spanx 赞不绝口。这种平滑贴身的内衣已经成为一种口口相传的感受。截止到 2012 年，Spanx 的无足袜裤和强力女裤已经分别售出了超过 900 万和 600 万条。

Spanx 创始人萨拉·布雷克里现已成为世界上最年轻的白手起家的女亿万富翁。

拆解和重新建构既有观念是架构师的癖好，他们无时无刻不在思考。“思考对我来说就像是消遣。”布雷克里说。她坐在明亮的红色办公室，办公室的一整面墙上都贴着过期的生活杂志封面做成的墙纸。“我没有什么业余爱好，也不喜欢看电视，我总是在不停地思考。”实际上，布雷克里解释道，在每天开始工作之前，她都会先抽出时间来思考，而她挤出时间的方式可以说绝无仅有。“我的住所距离 Spanx 只需要 5 分钟时间，但我常常会开车绕行一段，在车里待上 45 分钟，然后才进入办公室。”她解释道。不知为什么，开车总能让她精神放松，激发出新的想法。埃隆·马斯克也谈到过类似的事情：“我的大脑总是在不停思考，睡觉的时候，洗澡的时候，甚至在半梦半醒之间，我也总是在琢磨各种各样的事情。”社交网络服务商 Twitter 及移动支付公司 Square 的联合创始人杰克·多西（Jack Dorsey），在旧金山时也总是在上下班的路上思考问题。他有两处办公场所，时常往来于办公室和住所之间，让他有时间琢磨问题。

THE CREATOR'S CODE
破解密码

创新者都思考些什么问题呢？和我们大多数人相比，他们更好地利用了不合常理的事情。他们有点儿像是受过特别训练的侦探，能注意到案件材料前后不一、证据之间相互矛盾的地方，或者事件进展中的小小失误。作为普通人，当某个事情并不完全正确时，我们也能够觉察。但当我们发现矛盾而未能察觉的时候，我们体验到的是学术上所谓的“隐性意识”（tacit awareness）。相比之下，面对“隐性意识”，架构师提出这样的问题：是否可能存在着一个模糊不清的细节，可以开启一个完全不同的角度？是否可能存在一种不同的方式来理解这种情况？有哪些策略被其他人放弃了？

架构师时刻保持着开放的心态，即使已经有了新颖的解决方案，他们还总是想寻找出解决问题的另一种方案。创造性工作研究专家雅各布·格策尔斯（Jacob Getzels）提出：面对挑战，一些人总是受困于先入为主的观念。下面的例子有助于理解学者们所说的“发现问题”的重要性：

在荒无人烟的乡村公路上，一辆行驶中的汽车爆了胎。车主走到后备厢，发现没有千斤顶。“在什么地方能搞到一座千斤顶呢？”提出这样一个问题，他们也就对自己的窘境做出了界定。他们四处张望，只有空旷的谷仓，没有人家。这时候，他们想起就在几公里前，他们刚刚经过了一个服务区。他们决定步行回到服务区，找一个千斤顶。

就在此时，一辆从对面方向开过来的车也爆了胎。这辆车的车主打开后备厢，也发现没有千斤顶。“有什么办法能把汽车抬升起来呢？”提出这样一个问题，他们也就对自己的窘境做出了界定。他们四处张望，看见就在路边有一个谷仓，谷仓里有一组滑轮，这组滑轮是用来把干草提升到顶楼的。他们把汽车移动到这个谷仓旁，用滑轮把它提升起来，换好轮胎，开走了。

如何界定问题，决定了可能会发现什么样的解决办法。“我在思考问题的时候喜欢尽可能地放宽思路。”埃隆·马斯克解释道。“碰到了麻烦，我就开始问问题，”萨拉·布雷克里说，“我在寻找缺口。”创新者以退为进，给自己留出空间，以考虑备选方案。

架构师揭去先入为主的观念的外皮。他们分解问题，重建假想，从底部构建想法。

另外，还有一种创新者群体，他们有能力从各种各样的资源中整合出解决问题的办法，并创造出混合型的成果。我把他们称作“整合者”。

整合者，把不同的概念结合起来

“我两个都要！”斯蒂夫·埃尔斯这样说。埃尔斯是年营业额 36 亿美元的墨西哥风味休闲快餐连锁店 Chipotle 的创始人。他说这句话时，我们正在他纽约的办公室会谈。“我从来不是一个善于妥协的人，在孩提时代便是如此。我的父母经常让我进行选择，而我会回答‘我两个都要！’我想，这就是我考虑问题的方式。”

埃尔斯是在科罗拉多州博尔德市（Boulder）长大的。那时候，他愿意整天守在电视机前——不是看米老鼠或兔八哥，而是看《美食扑面》（*The Galloping Gourmet*）以及朱莉娅·查尔德（Julia Child）[①] 的节目。还在上小学的时候，埃尔斯就学会了使用荷兰辣酱油；上了高中以后，他开始收集食谱，举办宴会。“在科罗拉多大学期间，每个人都缺钱花，而埃尔斯会用原汁酒制作法式名菜油封鸭，”他的朋友、Chipotle 公司联合首席执行官蒙迪·莫兰（Monty Moran）回忆说，“他使用的都是他能找到的最昂贵的黄油和最好的盐。他有自己的独家秘籍，即便是在小食品杂货店也能比别人花更多的钱。”

可以说是顺理成章，大学毕业以后，埃尔斯加入了位于纽约海德公园的美国烹饪学院。“这真的、真的很好玩。我有一股子冲劲儿。”回想往事，他的声音热情洋溢。后来，埃尔斯移居旧金山，和著名的大厨杰里迈亚·塔

① 美国著名厨师、作家及电视节目主持人。她通过与人合著的烹饪书《掌握烹饪法国菜的艺术》及电视节目《法国厨师》把法式烹饪介绍给美国大众。——译者注

沃尔（Jeremiah Tower）一起就职于群星餐厅（Stars Restaurant）。

埃尔斯经常利用休假时间，跑到旧金山教会区，那里琳琅满目的调料、香粉和香料，让他眼花缭乱。一天，在一家墨西哥快餐厅，他看到等位的顾客排队排出了餐厅大门，拐到了街角。等待是值得的：那里的食物新鲜、热辣，让人心满意足。埃尔斯随手抓起一张餐巾纸，记下了排队的人数和人群移动的速度，同时估计了一下每一单的平均消费，算了一笔账。他发现，墨西哥快餐厅就是一个现金牛（cash cow）①。

埃尔斯激动地拿起电话打给自己的父亲，他的父亲是一家药厂经理。“慢慢说，埃尔斯，你想开玉米煎饼店？”事实的确如此。

两个星期以后，满载着一拖车的玉米煎饼，埃尔斯回到科罗拉多，为自己的餐厅租下了一个店面。“我租下了一间 80 平方米的店面，这每月要花掉我 750 美元。我随便雇用了一个装修公司，为了省钱，我去厨房用品店挑选了一些便宜货。我当时感觉，自己的样子一定很酷。”埃尔斯说。

1993 年，第一家 Chipotle 餐厅开业了。

埃尔斯的目标是创办一个和现有的快餐厅对照鲜明的快餐厅。“创办 Chipotle 的时候，我真的没有妥协。我要高质量的原料，快速高效而且物超所值的服务。”通过整合在烹饪研究中所练就的本领和墨西哥街头快餐的技术，埃尔斯开创了一种新的餐饮类型——休闲快餐。

不同于跨界移植观念的太阳鸟，也不同于完全从基础开始创造新概念的架构师，**整合者整合业已存在的元素，以形成新的成果。他们把相互矛**

① 来自波士顿矩阵模型的概念，指那些在成熟市场已经取得可观市场份额，利润丰厚稳定的公司。——译者注

盾的东西结合起来，创造了一种新的方法。

不常见的调料相互搭配，就能产生别具风味的食物。复古情怀与现代趋势相互融合，就会引领时尚潮流。开玩笑的时候，我们嘲笑观念与观念之间的不协调并置。在美术领域，诸如立体派（这个流派因毕加索和乔治·布拉克而闻名）这样的抽象艺术，代表着对象被分解和重新组合；在音乐领域，爵士乐缘起于非洲传统和欧洲传统的交汇。而在学术领域，行为经济学、生物信息学以及地球物理学这些有代表性的新领域，都是学科融合的产物。

然而，尽管融合有时候会自己找上门来，但真要有意为之却不是那么容易的事情。整合者能够发现机遇，交叠理念，找到两个完全不同的元素之间成就美好因缘的途径。

整合者是如何做到的呢？方法之一就是对不同的要素加以混合和匹配。

“我们不断提高原料采购水平，依照经典烹饪技术进行加工，我们还提供互动式服务，顾客不仅能吃到他们想要的口味，而且在整个就餐过程的每一个环节，都能得到他们想要的服务。这完全是以客户为中心的。”埃尔斯解释说。

Chipotle 餐厅的操作间是开放式的，厨师的操作过程完全透明。“我想要人们看见，我们是怎么把鳄梨制成鳄梨酱的。”埃尔斯说。作为一名受过传统训练的大厨，为了图省事或者省钱，而在原料新鲜的问题上打折扣，这对 Chipotle 餐厅来说绝对是不允许的。与那些更专业的美食家不同，迅速提供价廉物美的高质量食品，才是埃尔斯追求的东西。

按照传统的做法，快餐“按照数量下单”，埃尔斯不屑地解释说：“你说‘来一份’，就会有人转身拿给你一份预先包装好的、完全加工到位的食品。”即便到了今天，快餐也是高度机械化的。“不会现做现卖，”他说，“加工过程高度程式化，追求产品的标准化，而且一以贯之的平均化。”

为了提高服务速度，一般的快餐店都提前把食品加工好，与此不同，埃尔斯设计了一种新的模式，他称之为“基于排队人数的烹饪模式”。厨师必须学会观察，排队就餐的顾客人数增多时，就多准备一点，人数减少，也就随之减少。

因此，传统烹饪方法适应了现实的需要。“我们做的很多事情都要花费大量的准备时间和很长的烹饪时间，”埃尔斯说，“但是，以这种方式进行准备，你就既能保证响应服务的数量和速度，又能根据顾客需求现做现卖。”

THE CREATOR'S CODE
破解密码

整合者并不是随意混合不同元素，他们不会为了增加新项目而简单地扩展概念。他们之所以混合不同的碎片，是为了致力于填补某个特殊的空白。

埃尔斯的 Chipotle 餐厅菜单上只提供 4 种食品：玉米煎饼、玉米煎饼碗、玉米薄饼卷和沙拉。Chipotle 餐厅并不出售咖啡、饼干或者早餐。相反，埃尔斯整合要素的目的只有一个，就是做“世界上最好的玉米煎饼”。

“我一直在调整，总是想做得更好，不断调整和权衡。”埃尔斯解释说。

创新者说
THE CREATOR'S CODE

我一直在调整，总是想做得更好，不断调整和权衡。

斯蒂夫·埃尔斯，Chipotle 创始人

最近的革新包括，在向烟熏过的干辣椒加水的过程中使用新的方法，以增加其烟熏味；用手工方法而不是食品加工机切洋葱，以免去掉太多的水分；用新的方法烘焙胡椒；延长黏果酸浆的烘烤时间等（黏果酸浆是 Chipotle 餐厅绿色萨尔萨调味汁的主要原料）。每一项工艺革新所带来的口味变化，顾客都能尝得出来吗？恐怕不会。但总体而言，埃尔斯的休闲快餐对普通大众颇具吸引力。

“用诚实制作美食”，这是埃尔斯整合的最后一个层次。2001 年，参观尼曼农场（Niman Ranch）的时候，埃尔斯认识到，仅仅原料新鲜还远远不够。尼曼农场位于旧金山附近，是一家著名的农场和食品经销商。在饲养牲畜的过程中，这个农场从不使用抗生素和激素，它们的产品提供给伯克利的开心紫罗兰餐厅（Chez Panisse）这样的高档餐厅。有机蔬菜、散养牛、散养鸡和有机猪肉，在快餐行业通常是看不到的。“我认为，不断提高原料品质不应该只是精英们的追求，”埃尔斯告诉我，“每个人都应该能享受得到。”

烹饪技术、原料、玉米煎饼和餐厅风格等概念在 Chipotle 餐厅创建之前就已经存在。但是，斯蒂夫·埃尔斯找到了一种方法，对已经存在的元素重新进行配置，创建了“休闲快餐”这个概念。“我是休闲快餐的首创者，但我并不了解快餐业的规则，”埃尔斯说，“所以，我所做的一切，可以说都是高级餐厅关注的重心。”

整合出新

整合者如何发现可能性呢？有一种方法就是，分别评估所涉及的各种要素，寻找它们以新的方式重新结合的可能途径。

这涉及“蜡烛测试”（The Candle Problem）。“蜡烛测试最早是由格式塔学派心理学家卡尔·邓克尔（Karl Duncker）提出的，2003 年斯坦福大学的科研人员迈克尔·弗兰克（Michael Frank）和迈克尔·拉姆斯卡（Michael Ramscar）更新了这个问题，并提供了一个实例。

在最初的实验中，每一名受试者会拿到一支蜡烛、几根火柴和一盒图钉。实验要求他们只用这些东西，把蜡烛固定到墙上。大多数人想要用火柴熔化蜡烛粘在墙上，或者用图钉把蜡烛钉在墙上。在这个实验中，只有 25% 的受试者找到了可行的办法。正确的方法是，腾空盒子里的图钉，把盒子钉在墙上，用盒子作为搁板来放置蜡烛。这种方法的窍门在于，不要以为装图钉的盒子只是盒子或者只是装图钉的盒子，可以把盒子重新解释为搁板。大多数人不会这样去想，心理学上把这种情况称为“功能固着”。

然而，弗兰克和拉姆斯卡更新了这个实验，他们只是在描述过程中强调了每一个字，“在桌子上，有一支蜡烛、一盒的图钉和一纸板的火柴”，这次，受试者找到正确方法的比例翻了一番，增长到 50%。当研究人员把互不相关的要素突出以后，受试者发现正确方法的创造性好像也翻了一番。**这种化整为零、发现碎片的能力，能够让整合者理顺各种要素，按照一种新的、不同的方式，重新进行组合。**

通过把相对立的概念结合在一起，整合者也能够发现机遇，合并对立面能产生突破性发现。虽然没有现成的公式，但整合出新仍然是创造力研究者十分关注的现象。阿拉巴马大学心理学教授托马斯·沃德（Thomas Ward）就专门研究了这样一个过程：发现新需求——进行非典型整合——迅速赢得大笔财产。在 2002 年的一项研究中，沃德让大学生对不同类型的偏正词组（形容词 - 名词组合）进行解释，并要求他们找到“一种独特意义以便准确描述这个词组”。他最著名的发现是，异乎寻常的词组搭配，比如像“赤裸裸的敌人”“令人高兴的拖延”，以及意义对立的两个词组成的词组，比如“健康病”“痛苦的喜悦”等，能够激起最具创造性的反应。

我们来分析一下“奢华型 SUV”这个概念。由于把高端汽车舒适奢华的设计与全轮驱动越野运动汽车适应崎岖路面的特点整合在一起，汽车厂商创造了一个全新的类别。在其他领域，对立面的融合同样也有体现。比如，在旅行背包领域产生了“粗犷的舒适”这个概念，在室内设计领域产生了“低调的高雅”这个概念。前一个概念针对那些爱冒险的探险家，他们希望在探险过程中能够享受到家一样的舒适；后一个概念针对那些追求随意生活、但又喜欢高档家居设计的人。整合者探索各种可能性，把那些看上去相互矛盾的东西结合起来，以期发现市场空白。细想想，诸如激动与平静、独处与友情、奢华与买得起这些意义对立的词语组合在一起，都能让整合者发现空白。

THE CREATOR'S CODE
破解密码

多面共存思维（Janusian Thinking）这个术语被用来描述一种能够同时想象两个对立或矛盾的点子、概念或形象的能力。这个名称起源于杰纳斯（Janus），他是一个罗马门神，拥有前后两张面孔。作为一个专业术语，它是由精神科医生、创造过程研究专家阿尔伯特·卢森堡（Albert Rothenberg）最早提出的。通过研究诺贝尔奖获得者整合不同概念的能力，卢森堡发现，生理学家、化学家、物理学家以及获得普利策奖的作家、艺术家，都有一种在完全不同的概念之间找到联系并构想出整合性概念的能力。他提出这样一种假说：概念的矛盾能够产生创造性结果。

这种多面共存思维方式是吉尔特团购公司（Gilt Groupe）创始人的标志。吉尔特团购公司是一家奢侈品在线零售商，它把受邀样品销售和互联网覆盖的大众市场结合在一起，创建了一种新的消费概念——“触手可及的奢侈”。

在纽约，亚历克西斯·梅班克（Alexis Maybank）和亚历山德拉·威尔奇斯·威尔逊（Alexandra Wilkis Wilson）像甩手掌柜一样，把所有的事情都下放给了商店设计师和受邀样品的销售员。她们会默默地逃掉上班时间，冲到曼哈顿，以高昂的价格购买她们觊觎已久的商品。她们知道样品销售吸引了大量熟悉内情的主顾。时尚达人为了争抢打折的奢侈服饰，几乎要大打出手。

“2007 年，虽然电子商务和奢侈服饰在各自领域迅猛发展，但两大世界还没有像现在这样激动人心地走到一起。”梅班克说。在此之前，她已经帮助创办了 eBay 加拿大和 eBay 汽车两家公司，而她的朋友威尔逊正就职于路易·威登（Louis Vuitton）和宝格丽（Bulgari）。由于有这些经验，她们发现了时装和技术交汇的机遇。那还是一片空白,有待于她们来填补。

“我们创造了激动人心的闪购模式（appointment shopping），限定抢购时间和设计品牌，具体货品只对会员开放，而这些货品除了这个时段，他们无权享受。”威尔逊说起这些的时候，我们正在曼哈顿时尚总部碰面。与其他三个创始人凯文·瑞恩（Kevin Ryan）、麦克·布雷泽（Mike

Bryzek）以及阮风光（Phong Nguyen）一起，他们创办了这个封闭的会员制网站。这个网站起步于纽约市布鲁克林区一间衣橱大小的仓库中，经过 5 年的发展，现已成为一家市值 10 亿美元的公司。

为了把奢侈品同在线购物这两个世界整合起来，吉尔特的创始人建立了网站，网站上有大量精美的服装图片，服装都由顶尖的模特儿加以展示。公司创始人想让消费者感觉到，自己就像是在浏览时装杂志。吉尔特网站之所以定位于奢侈品牌，部分原因在于它引领时尚、令人耳目一新，这和传统百货商店无聊乏味的网站形成了鲜明的对比。

“但是那些早期的尝试一点儿也不容易，”梅班克说，“威尔逊想在实体店里试穿之后从网上下单，但那里根本没有 Wi-Fi，不仅如此，这些品牌对于‘互联网’这个词心存恐惧，它们根本没有网站，对于如何开展所谓的电子商务它们一点儿想法也没有。”在 2007 年，奢侈品牌还缺乏电子商务知识，它们既不知道怎么提升品牌价值，也不清楚如何找到目标客户。

由于在时装领域多年的经验，对于奢侈品牌可能会抵制互联网这种状况，威尔逊心知肚明。“我们一直在劝说设计师们以一个折扣价在线销售他们设计的奢侈商品，这是他们最宝贵的财富，他们没少让我们吃闭门羹，不过最终，他们还是给了我肯定的答复。”威尔逊说。

2007 年 11 月，吉尔特网站开通。一个 36 小时的限时销售点燃了顾客的热情，他们竞相抢购奢侈品牌。对于一个购物网站，不仅版式要赏心悦目，还要便于查找商品。对于工程师来讲，为用户创造一种快速、可下载、相关性强的购物体验，是技术挑战。要让一个普拉达（Prada）的手提包吸引用户的目光，需要多个角度、复杂的灯光以及全面详尽的产品描述。所有的货品、价格和产品描述 24 小时之后都必须更新。吉尔特就像是在开一家百货商店，只不过这家商店改变了商品销售的日常方式。

“当 40 万顾客在一瞬间都涌向这个百货店的虚拟大门时，海量的交易可能导致系统瘫痪。”梅班克说。在一家实体店中，大量的顾客同时挤进商场，这恐怕不会是一件好事情。在每一次“闪购”中，吉尔特 90% 的交易都完成于中午 12 点到下午 13 点 30 分这 90 分钟的时间里。为了适应要求，工程师们不得不搭建了一个几乎和亚马逊网站一样大的平台。

“我们从杂志《时尚》(*Vogue*)和《造型》(*InStyle*)聘用经营和时装方面的人才，从麻省理工学院和加州大学伯克利分校聘用工程师。”梅班克说。“这些人相互之间都素昧平生，我们做了大量工作确保不会有人滥竽充数。”从工程系头戴噪音隔离耳机的红牛饮料爱好者，到着迷于经营发展趋势的爱喝星巴克拿铁咖啡的时尚达人，吉尔特团购网站的创始人在这个不寻常的交叉点上，把各种不同背景的人才融合在一起。在这个过程中，他们认识到，对立的双方确实可以相互吸引。“吉尔特的工程师们运气够好的话，可以在公司进行时装拍摄的日子里，从那些脚穿五寸高跟鞋展示时装的模特们中间招聘程序员。”威尔逊大笑着说。

吉尔特不仅创造了奢侈品销售的新方式，也让很多以前从不购买奢侈品的人变成了一种新的顾客类型。对这些顾客来讲，吉尔特让他们第一次购买了名牌服装或者精致的手包，并让他们从此迷上网购。

好奇心之痒

对创新者而言，最重要的工具是好奇心。大胆而深入的探究会让智力和感觉都变得更加敏锐，从而邂逅意想不到的发现、机遇和令人惊叹的时刻。

太阳鸟、架构师和整合者都有没完没了的问题。他们的好奇心与生俱来,永不丧失。学龄前儿童每天差不多要问 100 个问题。随着年龄的增长,我们很多人变得不再好奇。努力发现问题,这能够让我们保持足够的敏感去把握机遇。“不需要你去创造答案,只要找到正确的问题,你就能发现答案。”脊髓灰质炎疫苗的发现者乔纳斯·索尔克(Jonas Salk)这样解释。

填补空白的创新者提出这些问题:什么让我感到惊奇?我正错失什么?我如何才能清除障碍?我看见了哪些矛盾之处?

Chipotle 餐厅的斯蒂夫·埃尔斯解释道:“我实地考察,提出很多问题。”Spanx 的萨拉·布雷克里说:“我问自己,剪掉裤袜的脚面部分是否就是答案,我发现,它不是答案。”对于吉尔特团购公司的亚历克西斯·梅班克来说,关键的问题是:“俄亥俄州的女子如何才能买到和纽约一样的商品?”

创新者说
THE CREATOR'S CODE

不需要你去创造答案,只要找到正确的问题,你就能发现答案。

乔纳斯·索尔克
脊髓灰质炎疫苗发现者

像太阳鸟、架构师和整合者一样思考问题,就好比是对思想肌肉的强化训练:在实践和参与的过程中,把握机遇的能力就会不断增长。而所有这一切,开始于一颗敏锐的、善于发现问题的心灵。

THE CREATOR'S CODE

02

像赛车手一样掌控速度

技能2：目标驱动

******

目视前方，盯着你的终极目标

规划路线，弄清楚自己想做什么

前瞻思维，致力于完成尚未完成的事情

审视边界，绕开思维定式

拒绝怀旧，不要让过去阻碍未来

永不回头，除非你打算走回头路。

——亨利·大卫·梭罗[1]

① 19世纪美国作家、哲学家、废奴主义者，著作包括《瓦尔登湖》《公民不服从论》等。——译者注

像赛车手一样掌控速度

技能 2：目标驱动

赛车手说，保持时速 300 公里的诀窍在于目标驱动。人行道上的标志线或者其他车辆的位置会让他们车速过快以致迷失方向。相反，真正的赛车手专注于地平线，手随眼动，高速行驶。

创新者同样如此。**他们始终牢记长期使命，带领企业克服当前的困难。在关键时刻，他们研发产品，适应市场，满足客户需要，精神如激光一般专注。创新者手握方向盘，不会让竞争对手干扰自己，也不会受制于行业惯例。他们用具体的策略引导自己的行动：目视前方，规划路线，拒绝怀旧。**在这一章，我们将研究这个问题：在一个快速移动的全球化市场，创新者如何始终处于领跑者的位置。

目视前方，盯着你的终极目标

收入从零到 10 亿美元仅仅用了 5 年时间——这样的增长，即便是在硅谷也是凤毛麟角，但是哈姆迪·乌鲁卡亚带领他的酸奶企业乔巴尼做到了。

乌鲁卡亚出生于土耳其东北部的埃尔津詹省（Erzincan），1994 年移民美国。他住在纽约市，学习英语和商业，住了很短的一段时间后，他就感觉自己有些格格不入。乌鲁卡亚把自己描述为一个“牛奶少年”，为了适应环境，他移居到纽约州的北部地区，一边在一家农场打工，一边在位于奥尔巴尼（Albany）的纽约州立大学上课。在土耳其乡村长大的乌鲁卡亚，到农场后感觉舒服了很多。有一天，他的父亲去农场看望他，向他抱怨美国的奶酪实在太过一般。“你应该制作奶酪——更好的奶酪。”他的父亲一再强调。起初，乌鲁卡亚畏首畏尾，不敢行动，尽管他的家庭在土耳其时就在家里自己制作奶酪。直到 2002 年，乌鲁卡亚转变了想法。在纽约州约翰斯顿市（Johnstown）的一栋小楼里，他开始制作羊奶奶酪。他给自己的奶酪申请了“幼发拉底河（Euphrates）”的品牌，然后将成品卖给餐厅和食品经销商。

一天，乌鲁卡亚偶然发现一个设备齐全的奶酪厂的广告单。他以为这是一封垃圾邮件，随手扔进了垃圾箱。但是，“大约半小时后，连同上面的脏东西，我把它从垃圾桶里捡了出来，”他回忆道，“卡夫食品公司（Kraft Foods）正准备关闭一家工厂，这激起了我的好奇心。”

他驱车来到纽约北部 300 公里的小镇南艾德梅斯顿（South Edmeston），考察这个具有 84 年历史的工厂。他看到，天花板上滴着水珠，墙壁上油漆剥落，落伍的设备锈迹斑斑。尽管如此，乌鲁卡亚还是决定买下这个地方。

然而，朋友们都劝阻他不要这么做。乌鲁卡亚只有几千美元的银行存款，连买房的钱都不够，但他却想买下这家濒临破产的奶酪工厂。当时，有 100 万个理由让他不要买。如果这家工厂还有任何价值的话，产业巨头为什么要关闭它呢？但是，乌鲁卡亚心意已决。乌鲁卡亚致力于制作高蛋白、低脂肪、希腊风格的奶酪，这种奶酪比能在美国买到的任何奶酪可能都更好。

乌鲁卡亚说，美国的酸奶太稀太甜，有很多防腐剂和色素。真正的酸奶不是这样的。在土耳其，酸奶是烹饪的基本原料，乌鲁卡亚就是吃着他妈妈在自家农场里所做的、浓稠的、香味浓郁的各式各样的酸奶长大的。

乌鲁卡亚下定决心，将目光投向未来。由于没有钱做广告打品牌，他知道自己的酸奶可能被放置在最底层的货架上，于是，乌鲁卡亚在包装设计上大胆出位，让顾客难以忽视它的存在。他的酸奶杯是圆形的、更矮，但也更充实。他设计了薄膜包装的套筒，套筒上有彩色的标牌，他把产品标识印在杯子顶端，为的是让顾客在货架旁边俯身时能够轻松看到。

“有些时候，你面露微笑，想象着你正把事情做得像摇滚乐一样自在，”乌鲁卡亚说，“接着，第二天，管子裂了，酸奶味道不对，成本太高了，问题接踵而来。作为创业者，你必须学会让眼睛一直盯着终极目标。如果你看不到那个目标，你就得滚蛋。就这样，终极目标在我的头脑中，一刻也不曾离开。”

2007 年 10 月，乌鲁卡亚和员工们一起封装完成了乔巴尼酸奶的第一个订单：300 盒草莓味、桃子味和蓝莓味的希腊酸奶。这个订单来自长岛上的一个零售商。乌鲁卡亚焦急等待了一个星期，才向商店经理询问产品的销售情况。

经理告诉他，他的酸奶卖得很快。乔巴尼一炮打响！

乌鲁卡亚马不停蹄，闯进 ShopRite 连锁超市，ShopRite 拥有 200 多家店面，主要分布于美国东北部地区。由于负担不起主要零售商分销的高额费

创新者说
THE CREATOR'S CODE

作为创业者，你必须学会让眼睛一直盯着终极目标。如果你看不到那个目标，你就得滚蛋。就这样，终极目标在我的头脑中，一刻也不曾离开。

哈姆迪·乌鲁卡亚，乔巴尼酸奶创始人

用，乌鲁卡亚同意从乔巴尼的销售额中扣除费用，并承诺如果酸奶卖不动，他愿意买回剩余的酸奶。这一招果然奏效了。

更大的突破发生在 2009 年。这一年，乔巴尼开始在 Stop & Shop、Publix、BJ's Wholesale Club 等批发超市以及 Costco 销售，每周的订单增加到 40 万盒。一家连锁大卖场建议，乔巴尼的酸奶口味应该更丰富一些。由于没有必要的机器设备，乔巴尼员工不得不手工封装以完成订单，就像两年前乌鲁卡亚赢得第一个订单时所做的那样。

公司每周的生产规模达到了 50 万盒，乌鲁卡亚走到了一个十字路口。他清楚，像 Dannon、Yoplait 这样的行业领导者将会对快速增长的新公司穷追猛打，乌鲁卡亚把每周的生产规模提高到 100 万盒。他毅然决定，乔巴尼必须主动出击，以免受到大的竞争对手的挤压。

乌鲁卡亚把“乔巴尼速度”作为品牌精髓。2008 年，乔巴尼在纽约州北部地区的工厂每周产量只有 1.5 万盒。2011 年以前，同样的设备只能生产 120 万盒。到了 2012 年，每周生产总量达到 180 万盒。公司共有 1 300 名工人，多条生产线一天 24 小时连轴运转。为了满足市场需求，南艾德梅斯顿（South Edmeston）的工厂由三班倒增加到四班倒。为了进一步扩大产能，2012 年，乌鲁卡亚在爱达荷州特温福尔斯市（Twin Falls）建成了第二家工厂。

在乌鲁卡亚事业刚刚起步的时候，希腊酸奶在美国市场 780 亿美元的酸奶市场上只占有 0.2% 的份额。到了 2013 年年底，市场份额跃升到了 50%，而乔巴尼一跃成为最畅销的希腊酸奶品牌。“取得了巨大成就，我们当然很幸运，但在这个国家，酸奶的故事才刚刚开始。”乌鲁卡亚这样说。

所有的创新者都有着同样的决心：成就非凡的事业。为了描述他们如何控制速度，如何处理复杂局面，我们把创新者和赛车手加以类比。

- “我称之为驶向成功。”吉尔曼·路易（Gilman Louie）这样说。路易既是服务于中央情报局的风险投资公司 In-Q-Tel 公司的创始人，也是投资公司 Alsop Louie 的合伙人。“企业家总是在寻找目标。他们的业务模式就像是赛车手的双手，需要不断地矫正方向。”
- “有齿轮、传送带、阀门和管道——所有的东西都密切相关，协调运转。”Airbnb 公司联合创始人乔·吉比亚解释说。在描述公司的爆炸性增长时，他说：“齿轮转动，汽车移动，人们开始享用服务，我们开始向前行驶，我们从来不曾回头张望。”
- “你一直要能够目视前方，驱车前行，”凯文·普兰克谈起安德玛公司的时候这样说，“你必须掌控速度。”

为了利用动力，赛车手在弯道之外加速，紧握方向盘，驱车前行。他们目标明确，时刻注意其他车辆但专注于自己的行车路线。创新者的一举一动也遵循同样的精确性。

规划路线，弄清楚自己想做什么

“你自己心里必须清楚你在做什么，是什么激励着你，要如何处理那些真正的困难。”Theranos 公司创始人伊丽莎白·霍尔姆斯对我说。“如果能够运用技术手段及时发现疾病并

创新者说
THE CREATOR'S CODE

你自己心里必须清楚你在做什么，是什么激励着你，要如何处理那些真正的困难。

伊丽莎白·霍尔姆斯
Theranos 创始人

加以处理，我们就能从根本上找到一种方法，阻止疾病的发生。”

为什么癌症经常不能被及时发现，一定要等到它发展到难以治愈的地步呢？为什么心脏问题只有在患上心脏病之后才变得明显呢？为了研发新一代的诊疗检测手段，霍尔姆斯创办了 Theranos，公司开发的检测手段能让医生和患者，在疾病扩散之前就向它发起突然袭击，在病情恶化之前就能够采取措施。

“我要做的事情就是，让人们在最重要的时刻，能够获取可供采取行动的健康状况信息，”霍尔姆斯说，“这意味着能够及时发现情况，采取措施，提供信息给患者，让他们过上健康的生活。”

80% 的临床决策都是以实验室数据为基础的，但由于临床分析仪发明于 20 世纪 50 年代，因此医学界进行血液测试的方式还没有从根本上发生改变。在医院或者诊所，医护人员用止血绷带包裹手臂，刺入针头，抽取血液到针管，送血样到中心检测室，借助吸液管手工抽出血样，用离心机或者质谱仪进行处理，或者用化学试剂进行检测。通常需要 3~7 天，大夫才能拿到化验结果。

这个缓慢且非常低效的血液诊断过程，是霍尔姆斯想要攻克的头号目标。为了让这项诊断检测的速度更快、价格更低、精确性更高，她和她的团队发明了一种专利技术。不需要再用几天时间来培植和检测病毒或者病菌，Theranos 利用 DNA 纹印测试技术识别病原体的方法，在业界遥遥领先。样品采集之后，只需等候 2~4 小时的时间，检验结果就会以电子手段传递给医生。

介入治疗的时间相当重要，即便是对于相对而言较为常见的疾病也是如此。霍尔姆斯说，你可以试想这样一种情况：有一位妇女抱怨说自己整天无精打采，医生要求进行血检。几天以后，血检结果显示，这位女子患上了严重的贫血症。但是，为了判定到底是哪一种贫血，还必须进行另一种诊断检测，这种检查需要更多一些时间。这个时候，病人就已经开始药物治疗。当她第三次来看医生的时候，医生告诉她，她的问题根本不是贫血，而是一种铁质缺乏症。问题解决了，但钱已经花了不少，而且她还忍受了额外的煎熬。检测手段要是能更快捷、更精确，那所有这一切都毫无必要。

据估算，40%~60% 的人没有得到必要的血液检查，霍尔姆斯致力于改变这一状况，消除恐惧和借口，她想方设法让血液诊断检查工作更加便捷。2013 年，Theranos 公司同沃尔格林公司合作，开展现场检测服务，对于数以百万计的需要检查的患者来讲，这是一个巨大的进步。比如，7 900 万美国人有糖尿病前驱症状，更多的人则有患上肺病和心血管疾病等各种慢性病的风险，但许多人对此毫无觉察。警惕自己的健康风险，这就是高科技检测带给人们的潜在好处之一。对于静脉曲张的老年人，害怕打针的孩子以及需要经受频繁血检的肿瘤病人来讲,极小的手指针刺采血，减少血检带来的不适，也不再那样令人紧张。

令人关注的是，Theranos 费用低廉，只有普通的老年保健医疗制和医疗补助制度补偿比例的一半不到。如果所有的血检都按照 Theranos 的价格收取，霍尔姆斯曾经计算过，在未来的 10 年中，美国老年保健医疗制和医疗补助制度可能会节省超过 2 000 亿美元的开支。

但是，霍尔姆斯的终极目标是预防疾病的发生。为了说明这个问题，她举了前列腺癌前列腺特异抗原检查的例子。重要的不是前列腺特异抗原浓度的问题，而是前列腺特异抗原变化速度的问题。“如果只是看到一幅画面，你就让我讲出整部电影的故事，我只能表示无能为力，”霍尔姆斯解释说，“但如果能看到多幅画面，故事就有可能被讲述出来。”Theranos依靠软件补充测试，这使得医生和患者可以了解更大范围的情况。

“目前我们介入治疗的时机真的是太晚了，我的梦想是，能够有助于更早地开展有针对性的治疗，”霍尔姆斯说，“现在，我们的治疗措施所针对的，都是已经存在的身体上的肿瘤。我们想要改变面对这种情况时的思考方式。这样的事情很多，如果你早早地就抓住了它们，你会有更大的概率让情况好转。”

前瞻思维，致力于完成尚未完成的事情

创新者想要成就其目标，彻底的前瞻性方法非常关键。芝加哥大学心理学家古敏荣（Minjung Koo）和阿耶莱特·费希巴赫（Ayelet Fishbach）的研究表明，在个人发展的问题上，每个人看问题的角度，都会对自己有什么样的成就产生重要影响。他们发现，那些有追求目标的人，要么致力于尚待完成的事情——前瞻思维（“to-go” thinking）；要么致力于他们已经完成到了什么程度——回顾思维（“to-date” thinking）。研究者认为，虽然这两者都能够强化动机，但是，在目标确定的情况下，前瞻思维能够加速任务的完成。

对此可以这么来解释：如果你在跑马拉松，正处于28公里处。你的心跳加快，挥汗如雨。每前进一步，双膝、脚踝和双脚都疼痛不已，呼吸也越来越急促。但你没有退出跑道，而是下定决心冲过终点。如何才能保持坚持到底的动力？你是想自己已经跑完了28公里，还是会想自己还剩

下 14 公里要跑？如果你的答案是还剩下 14 公里要跑，那么像其他创新者一样，你具备了取得成功的必须的思维框架。

THE CREATOR'S CODE
破解密码

古敏荣和费希巴赫发现，当我们投身于某个特定的目标时，专注于过去的成就会削弱我们的动机；但是，如果我们考虑的是还有哪些事情要做，动机不仅能够维持，而且能够得到强化。在前瞻思维中，我们计算已经完成的工作和需要去做的工作。在发现了两者的区别之后，我们会更加专注、更加努力，尽量缩小距离目标的差距。

古敏荣和费希巴赫的研究表明，前瞻思维之所以能够强化动机，是因为在这种思维模式中，注意力集中在尚需完成的任务。例如，在一项研究中，正在备考的大学生被分为两组。其中的一组大学生被告知他们还有 52% 的材料需要准备，而第二组大学生被提醒说他们已经完成了 48% 的工作。可以预期的是，注意力集中于尚待完成的 52% 的工作的这一组大学生，相对于另一组被鼓励回顾已经完成的工作的大学生，动机得到更大的强化。还有一个例子，为非洲的艾滋病孤儿募集资金的募捐者，在给定期捐赠者发出的募捐信中，强调了不同的重点：回顾思维，强调已经募集的情况（“关于这一点，我们已经通过多种渠道成功募集 4 920 美元”）；前瞻思维，强调尚待完成的情况（“通过多种渠道，我们已经成功募集到部分资金，目前的资金缺口是 5 080 美元”）。当注意力被吸引到完成任务所需要募集的资金数额时，那些关心这项事业的人们会比他们承诺过的数额捐赠更多。他们意识到，事情进展还不是很顺利，然后做出贡献。前瞻思维促使我们把注意力集中于那些尚未完成的任务。

在马拉松赛道上，想一想自己距离终点线的距离，强化自己的动机，这能激励你跑得更卖力、更快、更上进，也更充满激情。这也同样适用于工商业界。创新者专注于自己渴望的结果，因此干劲十足。

“我所做的是一项长远的事业，任何无关的东西都是干扰。”2006年，社交网络服务公司Facebook创始人马克·扎克伯格（Mark Zuckerberg）谢绝了雅虎公司10亿美元收购Facebook的计划，对此他如此解释。如果收购达成，Facebook的员工——他们的平均年龄只有22岁——将会从这一“寝室实验”中人均获得数百万美元的收入，但是扎克伯格的目光则投向更远的地方。从哈佛大学到常春藤高校联盟，从波士顿各所大学到各式各样的学院和中学，最后到全美国乃至世界各地的各个行业，Facebook攻城略地，迅猛扩张。Facebook走出大学宿舍，走进10亿人的生活，归根结底，真正的推动力来自扎克伯格志存高远的态度。

与此相似，从Spanx成立之初开始，萨拉·布雷克里的时间和精力的投入就“没有底限”。“在最初的两年，我一个人就是公司的所有部门，”她告诉我，“我是打包工、发货员、内衣模特、市场专员、销售人员，还要尝试使用财务软件。每天从早到晚，我都在提醒自己，‘你不擅长这些，你也真的不喜欢这些事情，但不能因为这不是你的强项，就坐等别人来干’。人要有自知之明，要用一种具体的方式使目标时刻呈现在眼前，这非常重要。”

创新者说
THE CREATOR'S CODE

在最初的两年，我一个人就是公司的所有部门，我是打包工、发货员、内衣模特、市场专员、销售人员，还要尝试使用财务软件。每天从早到晚，我都在提醒自己，“你不擅长这些，你也真的不喜欢这些事情，但不能因为这不是你的强项，就坐等别人来干”。人要有自知之明，要用一种具体的方式使目标时刻呈现在眼前，这非常重要。

萨拉·布雷克里，Spanx创始人

尼克·伍德曼（Nick Woodman）是数码摄录机公司 GoPro 的创始人，他从把摄像机系在冲浪运动员手腕上这么一个想法开始，在头盔、滑雪板、滑板等几乎所有的极限运动装备上都安装了微型摄像机，捕捉高清视频，这引发了一场媒体革命。为了始终能够在市场上抢得先机，他一直追求产品的更新换代。Nabi tablet 制造商 Fuhu 公司的三位创始人罗布·藤冈（Robb Fujioka）、许立威（John Hui）和许立信（Steve Hui）也是这样做的。致力于儿童娱乐和教育领域的技术开发，2014 年 Fuhu 公司创始人同梦工厂动画公司（DreamWorks Animation）合作开发了 DreamTab，这种专为孩子们设计的平板电脑内置了卡通、歌曲以及来自梦工厂资料库的各种客户端应用程序。

创新者的事业面向未来，而非他们所处的当下。这需要预见趋势，及时投资，争取成功，然而许多领导者却动作迟缓。比如，称霸一时的伊士曼 - 柯达公司（Eastman Kodak）和鲍德斯公司（Borders）无法应对勇往直前的创新者，只能眼睁睁地把市场拱手让人。

“昨天的本垒打并不能赢得今天的比赛；你必须全力打好下一场比赛。”捷波朗（Jawbone）联合创始人侯赛因·拉赫曼（Hosain Rahman）喜欢这样说。2006 年，当他的公司在蓝牙耳机上赢得第一场胜利的时候，拉赫曼给公司所有员工都发了一件 T 恤衫，胸前印着“落水狗”（Underdog）。“如果你是一只处于劣势的落水狗，你会四处奔命，寻找解决之道，被逼出来的创新精神，可能超乎你的预期。”拉赫曼解释道。Jawbone 的 forward focus 使得它能够在三类产品中占有支配性的市场份额。

创新者说
THE CREATOR'S CODE

如果你是一只处于劣势的落水狗，你会四处奔命，寻找解决之道，被逼出来的创新精神，可能超乎你的预期。

侯赛因·拉赫曼，捷波朗联合创始人

Chipotle 公司创始人斯蒂夫·埃尔斯每年都在力求把“世界上最好的墨西哥玉米煎饼”做得更好。他不允许它的经理们在 Chipotle 公司墙上自我标榜为“最好的墨西哥玉米煎饼”或者“最好的廉价食品”。“我们已经赢得了这些声誉，”埃尔斯说，“是的，是有人认为我们是最好的玉米煎饼，但那与现在无关，因为我们必须比以前做得更好。”

创新者关注地平线，他们永远不会志得意满。他们迅速行动，创造新的事物。

“我们要去解决基本问题，帮助人们摆脱技术发展带来的烦恼，”Dropbox 联合创始人德鲁·休斯敦（Drew Houston）告诉我，“我们处理各种新问题。”

Dropbox 创办于 2007 年，也正是在这一年苹果公司推出了 iPhone。伴随着智能手机和平板电脑的爆炸性普及，人们拥有的电子设备越来越多，这就产生了一种新的需求——在各种不同的设备之间，轻松传递文档、表单、视频、音乐以及照片等各种文件。

Dropbox 的诞生，最初只是为了解决个人在使用电子设备时遇到的麻烦。2006 年，毕业于麻省理工学院的休斯敦，在由波士顿南站开往纽约的公交车上，突然想起自己把 U 盘落在了家里。如果坐车回去取的话，要白白浪费 4 小时的时间。没有这个文件，他就无法工作，这让他感到惴惴不安。不得已，他打开自己的笔记本电脑，开始编写代码。

几个月以后，休斯敦同麻省理工学院计算机科学专业学生阿拉什·费尔多西（Arash Ferdowsi）搭档，创办了一家基于网络存储的文件共享服务公司。他们先是在硅谷的 YC 创业营弄了个办公场所，后来迁到旧金山，在一处狭窄的公寓中，他们每天工作 20 个小时，编写代码，并由此开始创建自己的企业。为了使基于云存储的文件在任何设备上都能够以一种便捷可靠的格式轻松获取无缝共享，休斯敦和费尔多西必须解决一个复杂的技术挑战：Dropbox 所做的一切必须适用于任何设备、任何操作系统、任何浏览器和任何国家。

“你的目标是什么，你必须做好准备。”休斯敦说。人们不愿意把文件通过电子邮箱发来发去，也不愿意随身携带 U 盘来保存文档，他们要求更加简单便捷。休斯敦着手为人们的信息打造一个在线的“家”。

他预见到，今天人们的私人生活和工作任务之间的界限，会变得越来越模糊。同一支笔既可以书写工作备忘录，也可以罗列生活用品清单，同一个电子邮箱账户既可以与同事联系工作，也可以同朋友交流感情，同一部电话既可以打给公司员工，也可以打给家人，使用 Dropbox 在线存储，可以满足人们多样性的需要。

但聚焦在地平线上并不容易，它需要从熟门熟路中超越出来。

“从我还是个孩子的时候开始，编写代码就一直是我最快乐的事情，”休斯敦说，“但是，创办一家公司和想要成为一个工程师，这是完全不同的两回事。你必须走出并不断突破自己的舒适区域。”企业发展伴随着痛苦，要给人做演示，还要聘用和解聘朋友。“创建代码系统和运算法则，这都是很美好的事情，但建立人的系统，就好像是想要用果冻建成金字塔，”休斯敦说，“但是你必须尽你所能做到最好，要是你目前没有问题，那大概是因为，你发展得还不够快。”

创新者说
THE CREATOR'S CODE

建立人的系统，就好像是想要用果冻建成金字塔。但是你必须尽你所能做到最好，要是你目前没有问题，那大概是因为，你发展得还不够快。

德鲁·休斯敦，Dropbox 创始人

争取到第一笔 100 万美元的投资时，Dropbox 公司在美国银行的经常账户上只剩下 60 美元了。回忆起此事，休斯敦笑出了声。仅仅用了 7 年的时间，两个毛头小伙就把想法变成了现实，成就了一家价值百亿美元的大公司。在打造这家高速发展的公司的过程中，休斯敦和费尔多西从来没有停止过对未来发展的思考。

“即便是凌晨 3 点的时候，公司联合创始人费尔多西也可能发电子邮件，对诸如‘这个字母应该大写’或者‘两个像素应该向左’这样的问题进行讨论，”休斯敦说，“我们为每一个细节殚精竭虑，为的是建立真正的高标准。”这并不是件轻松的事情，但是为了满足用户的需求，Dropbox 的创始人全力以赴推动公司高速发展。2014 年，Dropbox 的用户超过了 3 亿。

“如果你开始琢磨自己的优势或特长，那么通常情况是，从这一天开始,你会变得故步自封,并且为追赶你的人打开一扇后门。”休斯敦告诉我。“即便是像谷歌或者 Facebook 这样的企业，同样可能被闪亮夺目的新兴企业迎头赶上——正因为如此，我们一直志存高远，从来不敢自鸣得意。”

审视边界，绕开思维定式

创新者和赛车手都需要驶向曙光，但他们之间有一个重要的区别。赛车手的行车路线是预先确定的，一圈又一圈，路况不会变化；而创新者是高速行驶在一个不断变化的环境中，面对周边车流的变化，他们必须随时调整。

优秀的企业家要有边际意识，他们必须清楚是否有迹象表明原有的设

想已经过时老化，或者失去了吸引力。“这让人毛骨悚然。你不可能派一个营销团队去进行定量或定性的调查，因为当他们发现问题时，一切已经太晚。”

1999年，一位名叫安婕·丹尼尔森（Antje Danielson）的朋友给罗宾·蔡斯讲述了自己在德国亲身见证过的汽车共享实验，蔡斯听后激动不已。她意识到，新兴的移动技术有可能改变传统的车主观念，“互联网简直就是为此而诞生的，”蔡斯高呼，“我要干起来！”

扫码关注“未来创客”，回复“Zipcar”，直达罗宾·蔡斯的 TED 演讲。

蔡斯当时已经42岁，有3个孩子，在马萨诸塞州的坎布里奇市（Cambridge），她和丈夫同开一辆车。她常去 Costco 超市，还要带孩子参加游泳比赛，她知道不能老是向邻居借车。她需要用车，但自己买车的话，又麻烦又花钱。

因为孩子就读于同一所幼儿园，蔡斯和丹尼尔森经常见面，她们一起喝咖啡，交流想法。丹尼尔森是一位拥有博士学位的地球化学家，就职于哈佛大学，她认为，如果人们大量共享汽车而不再是自己购买或租赁车辆，这可能会对环境产生持续影响。毕业于麻省理工学院斯隆管理学院 MBA 的蔡斯，于是起草了一份商业计划，呈送给斯隆管理学院院长格伦·厄本（Glen Urban）。厄本对此充满热情，他说：“这真是太神奇了。你应该尽快行动起来，公司规模扩大3倍，发展速度加快3倍。”

2000年，如果你需要用车，你可以买，也可以租，拼车这个概念还有些负面的意义。当时，没有人考虑共享酒店的床位或者健身房的跑步机，或者就餐的时候共享盘子和银质餐具。而蔡斯和丹尼尔森则相信汽车共享能够发展起来，不过它需要一个朗朗上口的名字，她们称之为 Zipcar。

用多少车花多少钱，这将使都市人能够开车去杂货店买东西，带狗去看兽医，参加郊区的派对，或到机场接送同事。大多数时候，城市居民每周需要用车一到两次，他们没有必要自己买车，他们可以在钱包里携带一张嵌入了电脑芯片的塑料卡，在他们想要用车的时候，用卡打开车锁。有人问蔡斯："你的业务面向的是机构客户还是个人客户？"她回答说："用车的时候，谁不想更简单方便一些呢？我需要有各种各样的司机。"

这是一个非传统的汽车使用方法，它迎合了现存市场上位于边缘的司机。"你想想租车这个古老的行业，它一成不变地为我们这些普通人提供这种无聊的、不起眼的服务。我们说，'不，我们可以让它变得很酷、很都市风情，变成一件时尚的事情'"蔡斯解释说，"如果只需要用车两个小时，我可不想租车一整天。"

2000 年 Zipcar 在坎布里奇成立的时候，仅有 3 辆大众甲壳虫汽车。2001 年，Zipcar 在华盛顿特区开张。2002 年，"你身边的轮子"打开纽约市场。2007 年，Zipcar 并购了区域性竞争对手 Flexcar。2013 年，Zipcar 在 20 个大城市和 300 所大学校园拥有超过 76 万名会员和 1 万辆汽车。

蔡斯和丹尼尔森开创了共享经济的先河，而共享经济需要捕捉消费者在所有权问题上态度的新变化，并加以迅速应对。无独有偶，当乔·吉比亚和布赖恩·切斯基首次提出与陌生人共用卧室的时候，人们告诉他们，把房间出租给陌生人是"不可思议"的。Airbnb 创始人需要打消社会上对共享的排斥态度。但是，在把自己公寓里的充气床垫交给付钱的客人后，他们认识到这可能是一个积极的经验。

几年前，入住在别的城市陌生人的公寓，这种想法被认为是很危险的。但是，由于诸如 Facebook 这样的社交网络的发展，Airbnb 业主和租客可以确定共同的朋友，或朋友的朋友。Airbnb 依赖评级和评论建立信任。客人评论他们住过的地方。主人可以自己撰写介绍，也可以阅读客人的评论，反之亦然。

“如果互联网的第一幕是让人们使用电子邮件和网页，第二幕是让人们轻松获得公开透明的声誉，那么它的第三幕是把这些活动转移到线下世界。”在描述互联网发展的下一个前沿时，乔·吉比亚这样说。

2009 年，通过 Airbnb 预订的房间大约有 10 万间。2010 年，Airbnb 增加了专业的摄影服务、在线支付，并且把它和 Facebook 整合在一起。客人预订数持续增长，超过 75 万。到 2012 年，在美国和其他国家，通过 Airbnb 预订的房间已经超过了 200 万。到 2014 年，已经有超过 2 500 万客人曾经住过通过 Airbnb 预定的房间。

像 Zipcar 创始人蔡斯和丹尼尔森一样，Airbnb 的吉比亚和切斯基把一个边缘化的想法带入到了一个更广阔的市场。他们原本只是打算为那些外出开会找不到酒店住宿的人们提供住宿。人们对非传统的旅游目的地和由此而来的低成本选项表现出了浓厚兴趣。今天，Airbnb 在世界各地提供的住宿选择超过了 80 万个，这其中包括床位、公寓和独栋房屋，此外还有城堡、冰屋、树屋和毡房。

Airbnb 创始人研究了边缘化的观念，释放出了主流趋势的激增信号。“使用 Airbnb，你可以从门外汉变成行家里手。”在描述 Airbnb 用户如何共享空间和文化体验的时候，吉比亚这样说。

孩子们卸掉溜冰鞋的轮子，把它和木板拴在一起，这就发明了滑板。

黑钻石登山工具是一位发明岩钉的登山家独创的点子——岩钉可以扎进岩石以便登山者立足。为了征服崎岖不平的路面，铁杆的自行车骑行者给自行车安装上了更粗的轮胎，由此发明了山地自行车。在市场边缘更新和修订产品，创新者常常以这种方式引领时尚趋势。

麻省理工学院斯隆学院创新问题专家埃里克·冯·希佩尔（Eric von Hippel）教授说，这些外围的创新者或者说"领先用户"（lead user），他们活在未来。30 年来，希佩尔一直致力于研究那些为边缘市场开发和改进产品的人，他是这个领域的先行者。

"我们被要求用 3 年的时间搞清楚，有多少革新源起于普通人为了满足自己的使用要求，对现有产品进行的开发和改进。"通过对 1 200 位美国、英国和日本人的研究，希佩尔发现，为了适应客户需求，领先用户在研发和改进产品方面进行的投资相当于产品研发企业的两倍。有一个人把钓鱼杆和大型金属钩结合起来，发明了修剪树枝的设备；有一位母亲把闹钟的指针涂上不同的颜色，来帮助孩子们学习如何分辨时间；有一名机械师因为电池失效，发明了马达启动汽车；有一名学生因为要寻找遗失在家里的物品，对他的 GPS 进行了重新编程。许多这样的应急措施，显示出一种潜在的市场需求。

外在条件的限制常常能够激发人们即兴发挥，满足当下需求，而这些临时的解决办法，后来常常变成主流趋势。例如，3M 公司一直想要找到一种价格低廉的新方法，来替代或者改进手术过程中防止病菌传播的手术床单。公司研究了战地医生和新兴市场的医疗队，以便弄清楚类似的问题他们是如何解决的。兽医们在动物手术中研发了一种廉价而有效的预防感染的手段，3M 公司从中得到启示。来自领先用户的这些有价值的信息，为 3M 公司将其全新的预防手术感染方法进行商业化运作提供了可能。事实上，研究表明，领先用户引发的创新已经为 3M 持续创造出新的产品线，而传统的基于市场研究的方法引发了对现有产品线的递增式完善。它的直接结果就是，5 年以后，在 3M 公司，基于领先用户的创新而开发的产品平均销售收入为 1.46 亿美元，比通过传统的递增手段开发出来的产品的销售额高出 8 倍。

THE CREATOR'S CODE
破解密码

赛车手以更宽的视野对可能出现的情况做出预先判断，创新者则扫描边缘以识别那些可能变成主流的外围理念，这两者异曲同工。赛车手不会因为后车一时追得太紧而频频查看后视镜，创新者则绕开思维定式，轻松抛弃陈旧的策略。

拒绝怀旧，不要让过去阻碍未来

“如果董事会把我们扫地出门，聘任新的首席执行官，那么新任首席执行官应该做什么？”1985 年，英特尔总裁安迪·格鲁夫（Andy Grove）曾经这样问公司首席执行官、董事局主席戈登·摩尔（Gordon Moore）。“新的首席执行官会带英特尔走出存储芯片业务。”摩尔回答。格鲁夫略加思索，回应说：“你和我为什么就不能走出去，再回来自己干呢？”他们确实就是这样做的。

“只有偏执狂才能生存。”几年前，在斯坦福大学商学院的课堂上，安迪·格鲁夫在讲到他自己的故事时，这样说。他说，为了在一个不同的方向上重新启动英特尔，需要“向自己开火”。开弓没有回头箭，格鲁夫关闭了英特尔的存储芯片业务，尽管英特尔曾经是这个市场的先驱者。英特尔公司成功实现业务转型，发展微处理器业务，公司市值从40亿美元增加到197亿美元，增长50倍，英特尔员工人数达到64 000人，成为世界第七大公司。

创新者情愿放弃遗产，即使它曾经带来成功。他们拒绝怀旧，他们拒绝让历史阻碍前进，无论它是美好的记忆还是舒适的方法。

“企业家不愿意进行脱离实际的思考，”俄克拉荷马州立大学企业研究教授罗伯特·巴伦（Robert Baron）说，“他们在失误中学习，但他们不会为过去的事情感到后悔或烦恼。这样做很危险。”

研究认知因素对启动新商业冒险的影响的学者认为，脱离事实的思维是对可能存在过的东西的想象。假如提前两周我们就启动了产品，情况会有什么样的变化呢？假如我们当时雇用了那位工程师，而不是让他跑到竞争对手那里，情况会有什么不同呢？在对企业家、潜在企业家和非企业家三组人群的研究中，巴伦发现，相比其他人，那些刚刚开始创业的人更不太可能沉湎于过去。他们会为错失机会而忧心忡忡。事实上，巴伦发现，企业家几乎没有后悔的经验，他们更愿意向自己和他人承认错误。

THE CREATOR'S CODE
破解密码

创新者不会沉湎于过去。他们汲取教训，避免落入后悔的陷阱。木已成舟的事情，他们不会再耗费精力。相反，他们把所有的精力投入到下一步要做的事情中。

“想要开始，就不要留恋过去的样子。”安德玛创始人凯文·普兰克这样说。

就在普兰克开始创建公司的时候，有人告诉他，他的想法永远不会奏效。他们说，这个行业已经被行业巨头所主导，起步于马里兰大学的 T 恤公司永远也走不出更衣室。“好好了解一下历史吧。”投资者对普兰克说。没有人愿意为他的愿景买单。“我记得，我试过，但是我的问题没有人回答。”带着边后卫战胜强大对手的强烈感情，普兰克说。在巴尔的摩的办公室里，他的重点更加清晰。一块白板、三块横向触摸屏，五块纵向触摸屏，挂满了墙壁，上面写着这样一些词“进攻”，“力求完美”，“明确目标”，“滚出地下室，做些事情”。

有 5 年时间，普兰克一直在生产和改进最初的合成纤维面料的安德玛 T 恤。他增加了长袖。然后，又倒回去，重新来过。他由此更进一步，制成了宽松款的上衣。

安德玛只是一家服装公司，这是普兰克感受到的最大的发展障碍。2006 年，依仗安德玛的橄榄球血统，他让消费者相信，安德玛可以生产碎钉橄榄球鞋。一招见效，两年之内，安德玛已经占有了碎钉橄榄球鞋 20% 的市场份额。“自此以后，我们一直在进步。”普兰克说。

创新者说
THE CREATOR'S CODE

对于那些说“我现在不能这么做”的人而言，永远不会有一个恰当的时机。世界上最好的商人不是那些正在预测未来的人，而是那些正在创造未来的人。

凯文·普兰克，安德玛创始人

2008 年，他采用“失败者，请闭嘴”作为品牌精粹，拒绝让经济衰退成为阻止公司发展的障碍。“对于那些说‘我现在不能这么做’的人而言，永远不会有一个恰当的时机，”普兰克说，“有人已经进入游戏！”为了在

310亿美元的国际运动鞋市场挑战行业巨头，普兰克推出一种交叉训练鞋。2009年，安德玛公司闯入跑鞋市场，2010年，安德玛公司又推出一款篮球鞋。

“世界上最好的商人不是那些正在预测未来的人，而是那些正在创造未来的人，”普兰克告诉我，“所以，我们的工作就是告诉市场，‘你的橄榄球夹板应该是这个样子的。你的训练平台就应该是这样。这就是你的跑步鞋。你们每天使用的技术就是这样起作用的。’”

普兰克甚至颠覆了自己“与棉为敌”的哲学，制造了棉衬衫。从它创办之日起，安德玛公司一直反对使用纯棉制品。2005年，普兰克领导安德玛成功上市，在每一次投资者大会上，他都会把纯棉T恤从水桶中捞起，放到桌面上使劲儿拍打，从而证明纯棉制品给运动员增加了多少负担。但在2011年，通过调查，普兰克发现在顾客每30件T恤衫当中，有26件都是纯棉的。“望着镜子中的自己，我说‘对纯棉制品，我真的是没什么偏见。我只是对这样一个事实心存疑虑——今天它没有发挥出优势。’”他解释道。

他冒险改变方针——消费者可能会认为他江郎才尽。事实不是这样。他着手设计棉质材料，让它像合成纤维一样排汗透气。普兰克与以纯棉制品为主打产品的北卡罗来纳公司合作，发明了速干棉，这种材料的排汗透气速度是普通棉质材料的5倍。

人们总是会展望未来，普兰克告诉他的目标顾客——刚刚开始运动的孩子们，“如果说阿迪达斯是你爷爷的品牌，耐克是你爸爸的品牌，那么，安德玛就是为你创立的品牌。”普兰克不想说服25岁的运动员或40岁的体育爱好者改变品牌。相反，他希望与下一代一起成长。

安德玛的最新产品是 E39 T 恤，它的特点是拥有身体测量系统，它有一个嵌入式的仪表盘，类似于测量性能的汽车仪表盘。普兰克 2013 年收购了 MapMyFitness，MapMyFitness 是向用户提供工具追踪路线、记录并分享其锻炼情况的健身跟踪平台，它标志着数字化训练和移动健身技术的未来。“我们定义的产品，我们还没有开发出来。”普兰克说。

THE CREATOR'S CODE
破解密码

创新者放弃的事情和他们下一步优先要去做的事情一样多。他们排除干扰，消除障碍。制订“禁止行为清单”，这有助于创新者战胜傲慢心理，也有助于避免怀旧这种逆行的力量阻碍他们前进。

以史蒂夫·乔布斯 1997 年重返苹果公司为例，他在白板上画了一个方形四格表，其中一条轴线上写下“消费级”和“专业级”，另一条轴线上写下“台式”和“便携”。他说，苹果要集中精力做好四大产品①，其他的产品都将中止，以避免分散团队精力。在百佳经理人年会上，乔布斯问苹果公司的领导者们，“下一步我们应该做的事件事情是什么？”在这些经理人列出了下一步要做的 10 件大事之后，乔布斯抹掉了后面 7 件。“我们只能做 3 件事情。”他裁定。任何想法、产品或者功能都有可能遭受被砍掉的风险。乔布斯排除干扰，忽略分歧，打造“顶极棒”产品。

不仅如此，乔布斯相信，不管苹果公司什么时候第二次着陆，飞跃在前头才是最重要的。一位知识渊博的女士鼓捣坏了新买的 iMac 台式

① 乔布斯所说的四大产品分别指消费级产品 iMac 和 iBook，专业级产品 Power Macintosh G3 和 Powerbook G3，其中，iMac 和 Power Macintosh G3 属于台式产品，iBook 和 Powerbook G3 属于便携产品。——译者注

电脑，乔布斯从中吸取了教训。乔布斯开发 iMac 管理照片和视频，但不能刻录光盘；只有 PC 用户可以析离[①]、刻录、下载和交换自己喜爱的歌曲。“我感觉自己像个笨蛋。”乔布斯告诉传记作者沃尔特·艾萨克森（Walter Isaacson）。作为回应，乔布斯放出了三匹好马：iPod、iTunes 和 iTunes 商店。

尽管 iPod 取得了成功，乔布斯仍然担心它可能被超越。“如果我们不自行了断，别人也会来颠覆我们。”他断定，手机会成为下一个巨大威胁。如果手机制造商给手机添加了音乐功能，会怎么样呢？这促成了 iPhone 的研制，iPhone 几乎蓄意蚕食了 iPod 的市场份额。

乔布斯推动人们去完成不可能的、近乎完美的产品和理念。“如果事情没做好，我会当面指出。诚实是我的职责。”乔布斯说。他的风格人人皆知：绝不妥协。与他一起工作过的人都很清楚，乔布斯只看着一个方向：前方。

创新者说
THE CREATOR'S CODE

如果我们不自行了断，别人也会来颠覆我们。

史蒂夫·乔布斯，苹果公司联合创始人

创新者就是这样工作的。他们紧握方向盘，目视前方，无视异议，排除干扰，迂回前行。他们只有一个目标：成功。没有什么会挡住他们前进的步伐。

① DVD 析离作为一种 DVD 的备份技术，定义可以更宽泛些，将 DVD 的视频、音频、字幕剥离出来，再经过压缩或者其他处理，然后重新合成成多媒体文件，我们可以称之为析离。——译者注

THE CREATOR'S CODE

03

比竞争对手更迅速、更灵活

技能 3：快速迭代

******

OODA 循环法，在快速变化中获得竞争优势

长机与僚机，打造一支密切合作的团队

PayPal 黑帮的创新密码

THE CREATOR'S CODE

比你的对手学得更快，这种能力可能是唯一可持续的竞争优势。

——阿里·德赫斯（Arie de Geus）①

① 长寿公司模式创始人，“学习型组织”概念提出者，当代管理大师之一。——译者注

1998年夏天，麦克斯·莱夫奇恩驾驶着一辆从莱德公司（Ryder）租来的黄色卡车，从芝加哥抵达帕洛阿尔托（Palo Alto）。作为伊利诺伊大学香槟分校的应届毕业生，莱夫奇恩决定放弃读研，向西迁移，加入到前途光明的青年软件工程师的行列。在帕洛阿尔托，他在一个朋友的公寓里安顿下来，打上地铺，开始找工作。一天，不知道是为了躲避热浪，还是为了多学点儿东西，莱夫奇恩参加了一位名叫彼得·蒂尔的年轻金融衍生品交易员的讲座。莱夫奇恩是仅有的6名听众之一。蒂尔的信息吸引了他，短暂的交谈之后，莱夫奇恩有了自己的想法。当时，蒂尔一直在寻找新的投资机会，为了引起蒂尔的兴趣，莱夫奇恩提议俩人详谈，共进早餐。

“这有点儿像书呆子相互献殷勤，”莱夫奇恩回忆，“我们开始讨论要不要在一起工作，共同解决数学问题让自己开心。‘我解决了这个问题，你能做到吗？’这是我们常常遇到的挑战。”

蒂尔投资了莱夫奇恩的密码学技术，在莱夫奇恩找不到首席执行官的时候，蒂尔加入到他的麾下。他们创办了菲德林克公司（Field- Link），为掌中宝公司（Palm Pilots）提供软件加密服务，掌中宝现在看来只是低端的个人数字助理产品，但在当时风靡一时。起初，他们设计的运算复杂的产品失败了。随后，他们继续为企业市场设计加密软件，但又一次失败了。他们没有被吓倒，继续开发出了“虚拟钱包”，这是一种保存财务信息的安全程序。接着他们为使用掌中宝的交易人员发明了“可强行执行的借据”功能，但是因为这种功能体现的只是对未来支付的简单承诺，所以没有人对其感兴趣。后来，蒂尔和莱夫奇恩灵感突发，产生了一个成功的概念。他们引入了一种能够通过无线技术在掌中宝设备之间划账的新手段。1999年夏天，蒂尔和莱夫奇恩在巴克餐厅召开记者会，宣布Confinity公司获得了首轮投资。德意志银行和诺基亚风投也向蒂尔的掌中宝投资了450万美元。“钱哗哗哗地来了！”这是技术的作用。

但是，在蒂尔和莱夫奇恩真正的成功之路上，这是一个让他们误入歧途的观念。他们的发明赢得了口碑，成千上万原本没有掌中宝的人开始使用这个演示网站进行金融交易。而且，eBay用户开始利用这个演示网站在线转账。起初，两位合伙人觉得不可思议。“让那些散漫的eBay卖家和买家使用这个产品，我感到很不安，特别是，这不是它最初的目的，”莱夫奇恩告诉我，“我们想方设法去阻止他们。突然，我们灵机一动。”讨厌的eBay用户给他们的发明指出了一个完全意想不到的巨大市场。两人推掉了所有的事情，开始开发这个产品的网络版。

在每一个重要环节，蒂尔和莱夫奇恩都会分析动态，做出决定，并迅速采取行动。1999年，他们把Confinity公司与埃隆·马斯克的在线金融公司X.com合并为一家新公司，命名为PayPal，从而与马斯克建立了一个关系密切、充满热情的创新者团队。2002年，PayPal在以15亿美元出售给eBay之前，这个团队对公司业务进行了6次彻底改造。

接下来发生的事情更引人注目。三位创始人和他们的团队开始作为“PayPal 黑帮”（PayPal mafia）在硅谷名声大噪，他们陆续创建了一系列创新型企业，包括 YouTube、Yelp、LinkedIn、特斯拉汽车、SpaceX、太阳城、Palantir Technologies、Founders Fund、Slide、HVF、Yammer、Geni.com 以及 Digg。每一次，他们都比竞争对手更迅速、更灵活地运用 OODA 循环法进行决策并取得了成功。

我们以 PayPal 黑帮为例，来探讨一下创新者是如何运用 OODA 循环法进行决策的。

OODA 循环法，在快速变化中获得竞争优势

在技术创新者关注快速迭代（fast-cycle iteration）、精益创业（Lean Startup）或者设计思维（Design Thinking）之前很多年，为了确保在急剧变化的环境中取得成功，朝鲜战争时期的美国空军飞行员约翰·博伊德（John Boyd）制订了一个快速决策的框架。博伊德的 OODA 循环法——观察（Observe）、调整（Orient）、决策（Decide）、行动（Act）——在空战中发挥了重要作用。在生意场上，OODA 循环法同样行之有效。

博伊德指出，尽管美国的佩刀战机在爬升和转向速度方面都比敌方苏联的米格战机要慢，但美国飞行员几乎总是能打赢空战。专家认为，这应该归功于美国飞行员受到了更好的培训。博伊德认为，事情不仅仅是这样。

通过对两种飞机性能的比较，博伊德注意到，尽管米格飞机能够以更快的速度和更高的高度飞行，但是在这两种力量区域的转换方面，它的速

度更慢一些。美国的飞机在加速和爬升转换时要更为敏捷。这种迅速变换策略的能力，让美国飞行员总能抢先一步。空战进行时，敌人基于早已变化的情况做出决策，这样的情况再三上演，致命性的错误决策过程几乎总在发生，留给米格战机的只有被击中的命运。

“能更快完成决策过程的一方，拥有瓦解敌人有效反应的能力，这占据了一个不可估量的优势。”在美国众议院军事委员会面前，博伊德证实了这一点。

博伊德将自己的理论自信地在飞行员中加以推广，他认为，通过对快速变化的情况做出果断回应，飞行员能够在敌人做出反应之前改变飞行状态，进而迷惑对方，控制局面。在内华达州的尼利斯空军基地，他被称为“40 秒博伊德”。因为他曾经发誓说，在模拟空战中，他可以在 40 秒内战胜任何一名飞行员，否则他愿意输给对方 40 美元。所有的人都说，博伊德从来没有输过，即便是在他先让对方占据优势的情况下。

博伊德同平民数学家托马斯·克里斯蒂（Thomas Christie）共同研究，提出了空战中的能量机动性理论，这个理论后来发展为战斗机的标准。博伊德运用自己的数学技能和空战经验帮助设计了 F-16 战机，这是一种机动能力极强的超音速飞机。F-16 的重量只有其前身 F-15 战机的一半，即使在较低的速度，它也能够轻而易举地执行高重力离心滚筒式飞行、转向、掉头等复杂动作。

博伊德最伟大的贡献在于，建立了一种在高速变化的环境中如何取得竞争优势的范式。为了设计他所谓的 OODA 循环法的框架，博伊德花了多年时间学习军事、历史、科学、数学和心理学。

THE CREATOR'S CODE
破解密码

OODA 循环法包括四个步骤：观察（Observe）正在发生的事情，处理从尽可能多的信息源取得的多种信息。从微不足道中识别实质性的东西，对观察报告加以调整（Orient）。决策（Decide），选择行动过程和行动路径。最后，采取行动（Act），执行决策。始终需要牢记的是，行动远没有结束，因为决策循环需要连续不断反复进行。

OODA 循环法所关注的不仅仅是快速应对。在采取行动之前如何能够赢得必要的时间来研究问题，这才是它真正关注的东西。用博伊德的话说，只有“进入到对手脑海里的 OODA 循环之中，才能够以更高的速度运转并缩短决策过程”。在一个比对方更紧凑的循环中，观察、调整、决策和行动的能力能够掩盖自己的意图，同时让竞争对手泄露他的下一步行动。通过随时反应取得优势，在短时间内，挑战者可以战胜更强大的对手。

在今天这个通信即时、技术加速和经济动荡的世界里，成功需要不断地适应变化的环境。创新者解码环境，采取坚决行动，并通过迅速调整独领风骚。OODA 循环法就这样一次又一次运用到超越竞争对于的过程中。

观察

飞行员需要局势意识——这是一种密切关注事态进展的能力。博伊德教导飞行员，要在参考框架和不断变化的现实之间辨识矛盾，正是这些不相匹配的地方，提供了抓住优势的机会。

局势意识适用于任何快速变化的情况。创新者必须尽可能快地收集尽可能多的信息。他们注重细节，警惕异常。

“立即聚焦于当前的具体细节，这很重要，”PayPal 联合创始人彼得·蒂尔解释说，“人们总在考虑如何去改变世界，但在一个日益全球化的市场，窥一端而知大势，这已经变得越来越难。”

调整

没有解释，信息是毫无价值的。调整，就是综合信息以获得连贯的理解。它需要分析所有的刺激，对相关的信息和无意义的信息加以区分，以便更清楚地了解下一幕可能上演的剧情。经验、传统、行业规范和新的信息，都有助于准确评估动态变化的情况。

为了解释调整这个概念，博伊德用雪地摩托车进行类比。他举出 4 个看似无关的机械系统，让人们思考：一套滑雪板，外侧有马达的船，自行车和军用坦克。想象一下，这些互不相干的东西，它们的特定部分如何组成一个新的实体。滑雪板提供滑行装置，船提供马达，自行车提供车把，坦克提供履带。瞧，雪地摩托车就这样产生了。博伊德用雪地摩托车来类比获取信息、提出复杂视图的能力。“在面临不确定性和不可预测的变化时，能够以适当的方式，打造雪地摩托车并加以运用的人，才是赢家。”博伊德说。

“拇指规则（rule of thumb）[①]，”蒂尔告诉我，“不过是用一种比最好的替代品好 10 倍的技术去赢得一个相当狭窄的市场。对 eBay 卖家来说，

① 指决策者对信息的处理方式不是按照理性预期的方式，把所有获得的信息都引入到决策模型中，他们往往遵循的是：只考虑重要信息，而忽略掉其他信息，否则信息成本无限高。——译者注

PayPal 在线支付之所以有价值，是因为最好的替代品就是出纳员的支票，它需要在 7~10 天才能到账。”

“我寻找分布套利。”谈到窗口的时候，PayPal 首席运营官戴维·萨克斯（David Sacks）这样说。通过窗口，独特的分配技术可以产生显著的优势。如同任何细微的优势一样，不寻常的分销渠道也像产品功能一样提供种种重要机遇。

决策

在战斗中，飞行员必须适应变化的情况，并迅速做出决定。生意场也需要同样的决断力。为了削减分歧，创新者必须快速做出决策。

行动

博伊德认为，赢家发起一系列意想不到的行动，破坏对手对情况的判断。面对一种变数，对手往往会从一个熟悉的角度对情况做出解释。博伊德指示飞行员，在对手可以切换策略之前，采取另一种行动，将使其更加不知所措。创新者同样采取行动，快速变化，抢在缺乏灵活性的竞争者之前，获得市场优势的控制权。

THE CREATOR'S CODE
破解密码

一旦采取行动，循环又再次开始。竞技场发生变化，我们的观点也要发生变化。我们对现实和想象的差别辨析得越快，我们的策略调整得也就越快，然后我们才能做出决策，并采取行动落实决策。发现现实和我们对它的认知差异，我们可以调整方向，然后再做出决定并采取行动。通过连续不断的 OODA 循环，创新者迅速做出一个又一个决策。

“PayPal 的员工最擅长做的事情之一，就是应对变化，”里德·霍夫曼告诉我，“他们了解变化，把握变化，扔掉那些没用的东西，最终解决问题。例如，大约有一年时间，我们把掌中宝丢在一边，因为它没有吸引力。我们决定把重点完全转移到电子邮件上。”霍夫曼于 1999 年加入 PayPal，担任商务拓展副总裁，后来作为职场社交网站 LinkedIn 的联合创始人而名声大噪。

比起那些更财大气粗的竞争者，以及从事从网络偷窃行为的“赛博窃贼”，PayPal 的团队观察、调整、决策和行动，他们的应变措施更加迅速，也更为有效。

“竞争对手可以在某些性能上领先一次，但从来不会有第二次，”戴维·萨克斯说，“他们会怎么做、会有什么样的革新，我们了然于心。”Dotbank.com 推出亲友计划，凡是介绍朋友签署相同服务协议的顾客，都可以得到 10 美元的奖励。一周以内，PayPal 就推出了同样的计划：只要签约，PayPal 就赠送 10 美元，介绍一个朋友再获赠 10 美元。天上掉馅饼，这样的刺激效果明显。

PayPal 变成了最早开展在线产品病毒式营销的公司之一。“在我们创办掌中宝技术公司两三个月之后，我们认识到，电子邮件将会成为一个更重要的驱动力。”蒂尔告诉我。在扩大对支付网站的口碑宣传方面，电子邮件简单而有效。当 PayPal 用户通过电子邮件向没有 PayPal 账户的人支付钱款时，没有 PayPal 账户的收款人会收到一条链接，他要点击签署收款服务合同信息。PayPal用户可以向任何一个人汇款，不管收款人在不在这个系统之内，只要他有一个电子邮件账户即可。一时间，PayPal每天签约的用户超过两万人。

在竞争中保持持续领先的能力，这在OODA循环法中处于核心位置。在同eBay的竞争中，PayPal充分发挥了这一优势。当时，eBay买家和卖家通过邮递支票或现金完成交易。PayPal邀请这些买家使用自己的服务，每完成一笔交易，卖家可以得到10美元的额外补贴——对卖家来说，这种补差非常重要。这一举措带来了PayPal用户的爆炸性增长，也让原本处于胶着状态的竞争失去了平衡。

在面临又一次机遇的时候——一位客户要求在自己的拍卖网站上使用PayPal的标识——PayPal迅速进入到OODA循环法。这一步，它走得更远。PayPal设计了“本网站接受PayPal支付”的标志让eBay卖家张贴。起先，它向用户提供HTML代码，但它很快意识到，还可以让用户更加省心，PayPal可以自己把“本网站接受PayPal支付”的标志贴到商家的页面上。由于行动迅速，在每一个节点上，PayPal都以机动灵活的策略，战胜了eBay这个庞大的拍卖网站。

“eBay把PayPal视为寄生虫。”萨克斯说。事实上，PayPal起到的是在线商店收款机的作用。为了反击PayPal，eBay公司首席执行官梅格·惠特曼（Meg Whitman）收购了PayPal的竞争对手在线交易服务商Billpoint公司。但是PayPal的决策链更加紧密；在一个不断变化的世界里，它能够进行快速的评估和响应，推动公司前进。**对于创新者来说，谁能更快地观察、调整、决策和行动，谁就能够抢占先机，因为当对手做出反应的时候，局势已经发生变化。**

OODA 循环法的一个重要环节，就是要在了解竞争对手意图的同时，迷惑对方。eBay 所收购的 Billpoint 公司成为维萨公司（Visa）的合作伙伴时，PayPal 就是这样做的。PayPal 迅速做出回应，它向客户提供借记卡服务并且以现金返还的方式予以回馈。维萨公司威胁要提起诉讼。在这个时候，里德·霍夫曼利用 OODA 循环法迅速做出了回应。

“按照经验来说，如果我离开大楼，大楼就在我的掌控之中。”PayPal 著名的“救火队长”霍夫曼说。他的职权范围涵盖支付基础设施、银行关系、冲突协调以及媒体关系，当然，也包括同维萨公司打交道。尽管霍夫曼没能说服这家信用卡巨头撤诉，但他确实为 PayPal 争取了足够的时间。霍夫曼说服维萨，在采取行动之前先研究市场，维萨同意了，这一晃就是几年时间。争取到的时间让 PayPal 得到了调整、行动、再调整、再行动的机会。PayPal 的 OODA 循环法更加严密。

霍夫曼注意到，由于时间紧迫，企业家常常被逼无奈，依靠极少量的信息做出决策。但是，**想要在高速变化的全球竞争中成为创新者，就必须磨炼出快速决策和反应的能力。**

当蒂尔和莱夫奇恩的 Confinity 公司和埃隆·马斯克的在线金融公司 X.com 合并时，确定新公司首席执行官人选的问题迫在眉睫。争议接踵而至。马斯克在公司，蒂尔出差了；然后，蒂尔回到公司了，马斯克又出差了。但是，没有时间了。

2000 年夏天，PayPal 公司一个月就烧掉了 1 000 万美元。在这个技术泡沫破裂之前，蒂尔已经从资本市场上募集了 1 亿美元，但 PayPal 的商业模式被证明是有瑕疵的。“它就像一架冲向地面的波音 747。”萨克斯说。PayPal 以为用户存在他们账户里的钱足以让账面收支平衡，但用户提取了他们的现金。而且，对所有的信用卡交易，PayPal 还不得不免除 3% 的手续费。“我满脑子想的都是，厄运即将来临。”霍夫曼说。

PayPal 的创新者们迅速分析问题，设计了新的功能加以应对。在使用 PayPal 进行交易的时候，用户必须点击图标选择“接受”或者“不接受”这一条款：一旦交易达到 1 000 美元的上限，之后的收入愿意缴纳服务费。新的功能，瞄准的是大额交易，它让 PayPal 的收入终于浮在了水面之上。

随着交易规模的持续放大，PayPal 接下来要面对的是，利用偷来的信用卡信息窃取资金的有组织的犯罪集团。莱夫奇恩发现了第一笔欺诈性退款，随即对随后的退款展开严格监控。最初，损失率低于 1%。但是，由于损失率增长，莱夫奇恩立即采取措施。在对手抓住关键问题之前，对其进行了迎头痛击。

“我注意到损失率以不可思议的速度持续上涨，不是今天 1 个明天 5 个；而是今天 1 个退款，下一周 5 500 个退款，”莱夫奇恩说，“这还只是刚刚爆发，用不了几个月时间，这些吸血鬼就要把我们的现金吸光了。”

赛博窃贼设计了自动程序，使得成千上万的账户陷入了危险，他们以一种不可能被追踪的方式在账户之间转账。为了击溃窃贼，莱夫奇恩昼夜不停，连续工作，破译统计数据包，阻止赛博窃贼。每次，当 PayPal 尝试新的反欺诈策略时，窃贼们都能找到方法绕过监控。最终，莱夫奇恩设计出了一种双管齐下的解决方案。

莱夫奇恩以闪电般的速度以 OODA 循环法展开决策。他说：“有什么事情是人能做到，而计算机不能做到的？”他的第一个反欺诈措施，就是运用模糊字母，这些字母人可以理解而计算机无法识别。如果不能辨认并键入字母，就不可能进入到系统之中。莱夫奇恩最早用“你是人吗？”进行了测试。今天，这些波纹状的变形字母已经成为一种标准，通过它，数以百万计的在线交易得以完成。

莱夫奇恩的第二个反欺诈措施涉及一个复杂的软件系统，他将其命名为 IGOR。之所以开发这个系统，就是为了获取信息，对资金的大规模转移进行监控。运用这一技术，分析师可以同时监测资金和安全风险。“我们认识到，有一些问题，是人或者电脑都不能独自解决的，”蒂尔告诉我，“所以，为了发现异常现象，我们让电脑的处理能力和训练有素的人共同协作。”有了这个新的系统，PayPal 发现，欺诈行为显著减少。通过再一次启动观察、调整、决策和行动的 OODA 循环法，在同那些从网站窃取资金的赛博窃贼的较量中，PayPal 团队做到了步步领先。

当欺诈泛滥成灾的时候，对手们只是简单地撤离，而 PayPal 拥有了快速处理问题的经验。“当你能够号令资源，并且拥有快速的产品迭代周期，你一定能迅速适应新的局面。”霍夫曼说。

2001 年第 1 季度，尽管当时互联网泡沫破裂，PayPal 却首次实现了扭亏为盈。2002 年 2 月，硅谷的很多企业都准备关门大吉，但是 PayPal 公司却成功上市。同年 7 月，eBay 放弃了 Billpoint 公司，并以 15 亿美元收购了 PayPal。

长机与僚机，打造一支密切合作的团队

“创业企业，只靠一个人是无法推动的，”蒂尔对我说，“这是一个团队的事业，你会经过很多次的沉浮，所以，如何渡过难关，至关重要。你

不要指望同一周以前刚认识的某个人一起创业——这就好像要嫁给你身后那个，等着在拉斯维加斯老虎机下注的人一样。你不是没有可能撞上头彩，但是这种指望撞大运的想法，非常糟糕。”

对可靠的合作者，创新者也要观察、调整、决策，再采取行动。蒂尔和莱夫奇恩在 PayPal 打造了一支密切协作的团队，他们从自己母校的朋友圈子里聘用了大量员工。蒂尔，这个斯坦福大学科班毕业的律师和宏观经济学家，少年时代曾经跻身全美国排名前 20 的国际象棋选手之列。他从斯坦福大学招聘朋友，其中很多人来自《斯坦福评论》（*The Stanford Review*），而他本人就是这本自由主义杂志的联合创始人之一。莱夫奇恩这位土生土长的乌克兰人，曾经侥幸在 1986 年切尔诺贝利核泄漏事故中逃过一劫，随后移居美国，成了一名计算机科学家。他所聘用的工程师大部分来自他的母校伊利诺伊大学香槟分校，这所学校的计算机科学专业实力相当雄厚。

里德·霍夫曼——PayPal 董事会任命的第一个人，是蒂尔大学时期的朋友。霍夫曼慎重考虑了蒂尔的话：“日复一日，你一直跟我讲你担任 SocialNet 的首席执行官时期的全部教训。为什么不帮我们一把呢？”作为董事会成员，霍夫曼的第一项任务伴随着一个具体的要求：蒂尔可以随时打电话给他，而霍夫曼将会在午夜之前给他回电。每周六早上，他们也会一起散步，讨论怎么才能把一个创业企业做好。霍夫曼后来全职加入了 PayPal 团队。

创新者说
THE CREATOR'S CODE

创业企业，只靠一个人是无法推动的，这是一个团队的事业，你会经过很多次的沉浮，所以，如何渡过难关，至关重要。你不要指望同一周以前刚认识的某个人一起创业。你不是没有可能撞上头彩，但是这种指望撞大运的想法，非常糟糕。

彼得·蒂尔，PayPal 联合创始人

“放开了想，PayPal 成功的原因在于，我们有一支紧密协作的团队，团队中的人各有各的专长，”莱夫奇恩对我说，“我们齐心协力，潜心研究，相信我们一定能够成功。”

THE CREATOR'S CODE
破解密码

像在空战中一样，OODA 循环法要想有效发挥作用，需要僚机配合。飞行员不仅要发挥个人的技能，而且要依赖飞行编队的忠诚、默契和奉献精神。在战斗中，相互负责、全力以赴，这一点最不可或缺。空军飞行员进行飞行编队训练，目的就在于整个团队能够天衣无缝紧密协作。飞行编队会任命一架长机，负责指挥和协调。僚机通过复杂的转向和操控，追随长机的一举一动。僚机最初的作用就是，在距长机飞行员视线 180 度的位置，保护长机的盲点。随着角色和责任变化，长机可能暂时变成僚机，反之亦然。它们步调一致，如影随形。

这也同样适用于创新者经营创业企业的过程。“人员流失对小公司来讲是致命的，但是这个指标简单而清楚，就是有多少朋友还留在你公司的岗位上，”蒂尔对我说，“如果我们用一种模型来解释的话，你应该想到，这更像一个宗教团体，而不是一个工厂。”

创新者打造一个忠诚的团队，团队中的每一个成员都有独立的个人观点。他们创造条件，鼓励跨职能、跨部门的开放式的观点交流，促进热火朝天的争论。企业建设需要智力投入和奉献精神。

在 PayPal，所有的客户记录、收入情况、欺诈损失都可以公开讨论。

所有层面的员工都被要求强化公司的目标。“在PayPal，如果你觉得有什么东西是错误的，但却对此一言不发，所有的人一定会认为，你的行为是绝对不合适的，”莱夫奇恩说，“不管这个错误是你上司的错误，或者你就是这个上司，这都没有关系。”

畅所欲言而又相互尊重，团队成员之间的争论能够促进公司发展。创新者问：“你们分别都要做些什么？我们如何重新评估？在我们的设想中存在什么样的瑕疵？”健康的讨论能够促进决策，也有助于预防竞争对手持有的稍显简单的答案。

“PayPal因为一群高智商的人而长盛不衰。”乔·朗斯代尔（Joe Lonsdale）说。他曾经是PayPal的一名实习生，后来成为Palantir Technologies公司的联合创始人。“你正在做什么，为什么它是有价值的？你不得不加以证明，因为对于这些问题，都会进行多次反反复复的讨论，会有很多非常高水平的想法聚焦于此。”顶层管理者经常为最好的行动方案争执不下。如果发现存在着某种问题，并且问题有改进可能的话，人们都会毫无顾忌地讲出自己的看法。

“我当时是一个22岁的毛头小伙，我记得自己曾发电子邮件，反对整个管理团队的想法。”回忆起早年在PayPal公司的日子，Yelp公司的联合创始人杰里米·斯托普尔曼这样说。“我没有遇到任何麻烦——公司文化确实鼓励争论，这让我在质疑管理人员的时候没有什么好紧张的。”**运用OODA循环法，需要你身边的人就如何改善下一步工作，敢于提出高水平的想法。PayPal的创新者态度鲜明地支持那些敢于争论的人。**

按照萨克斯的说法，太多的一致性意见意味着灾难。“当大家意见完全一致的时候，就会有一些虚假的成分。放任那些持不同意见的人，看一看他们的观点或强迫自己做出更好的解释，这非常有用。”不同意见的表达能够促进企业发展。

在 PayPal 内部，观点之间的健康交流不仅促成了成功的在线支付网站的建立，也孕育了一系列成功的创业公司。在 2000 年互联网泡沫破裂之后，PayPal 黑帮仍然对领先的 WEB2.0、交互式消费者网络进行了广泛的投资。

PayPal 黑帮之 Yelp

Yelp 的灵感就来自于 2004 年在帕罗阿尔托的一顿午餐。当时十来个人——大部分都是前 PayPal 员工，正在为麦克斯·莱夫奇恩庆祝生日。杰里米·斯托普尔曼和拉塞尔·西蒙斯（Russell Simmons）都曾经是 PayPal 的工程师，他们开始考虑开发一种能够通过邮件向朋友推荐大夫、牙医或者干洗店的系统。

从午餐会步行回家的路上，斯托普尔曼和西蒙斯决定把这个想法作为一个新的商业概念提供给莱夫奇恩。第二天，莱夫奇恩同意支持这个项目 100 万美元，并提供办公场所。在这个概念发展初期，里德·霍夫曼和彼得·蒂尔向他们提供了指导。到了寻求投资的时候，PayPal 公司的前任首席财政官拉伊洛夫·博塔（Roelof Botha）帮他们介绍了投资人。当时博塔已经是红杉资本（Sequoia Capital）的合伙人。

> **创新者说**
> THE CREATOR'S CODE
>
> 当大家意见完全一致的时候，就会有一些虚假的成分。放任那些持不同意见的人，看一看他们的观点或强迫自己做出更好的解释，这非常有用。
>
> **戴维·萨克斯，PayPal 首席运营官**

在他们的想法突然成功之前，斯托普尔曼和西蒙斯运用 OODA 循环法多次渡过难关。他们最初的电子邮件系统专注于邀请朋友推荐并在公共站点上张贴答案。这个计划失败了。Yelp 的创始人很快注意到，求人指点的人并不总能得到答案，而那些被要求推荐的人则往往被密集的问题搞得狼狈不堪。

最初的网站上有一个藏得很深的写评论的功能，这个功能让每一个用户都可以不请自来，主动发表自己的观点。这个功能也是事后才加上去的。“露丝问我，‘我们该不该有一种方式，让人们主动撰写评论，而不是非得要有人先提出问题呢？’”斯托普尔曼回忆说，“我坚定地认为，没有人会因为写评论获得乐趣，但我说，‘当然，露丝，把它塞进什么地方吧。’”即使这个功能很难找到，早期的用户仍然会写评论。“他们一次会写 5~15 条评论，人们乐此不疲，”斯托普尔曼说，“写评论有写评论的乐趣，只是我们忽略了它。”

2005 年 2 月，Yelp 创始人在关闭 4 个月之后重新开通了网站。“PayPal 真正成为 PayPal 之前所经历的调整和转向的历史，我们了如指掌，”斯托普尔曼说，“这让我们认识到，我们或许不能一蹴而就，但在我们跌倒的地方，可能发生另一次戏剧性的转变。人们写了大量的评论，这就是个信号，它让我们调整方向，踏上了正确的轨道。”Yelp 创始人当初并没有想到，有人会乐意为一家当地的干洗店写评论，但是，当他们发现事实并非如此之后，便迅速采取了措施。

“要想抓住这样的时刻，你必须高度警觉，解放思想。”斯托普尔曼说。早在 2008 年，Yelp 就为 iPhone 开发早期应用，这推动了公司快速发展。一个实习生设计了雏形，这个雏形后来成为苹果应用商店中最初的增强现实功能。Yelp 创始人同意嵌入一个复活节彩蛋功能——这是一种隐藏在应用当中，仅仅用于娱乐的功能。随后，他们注意到，这个“令人讨厌的特性”（在使用手机摄像机时，可能会覆盖 Yelp 商业信息）正在开始走红。它允许用户在逛街的时候慢慢平移装置，在 iPhone 手机屏幕上，实时展示交易评论。他们迅速行动，开发了 Yelp 单片镜功能，这增加了 30%~40% 的下载量。凭借快速的观察、调整、决策和行动的能力，Yelp 创始人打造了一个估值超过 40 亿美元的公司。

PayPal 黑帮之 YouTube

YouTube 的创始人同样运用 OODA 循环法把握商机以获利。YouTube 最初是一家视频交友网站，后来变成了在线视频的热门平台，它的开发灵感来自照片交友网站 HOTorNOT.com。

2003 年，和大多数网站不同，HOTorNOT.com 的管理人员就是负责核准或删除内容。在一个网站，人人可以上传照片，任由他人浏览。自己并不拥有网站的人们，第一次有了自己向网站提供内容的机会。用户自愿提交照片，其他的人根据照片的吸引力为其按照 1~10 的等级进行评级。这种用户产生内容的模式，吸引了查德·赫利、陈士骏和贾德·卡里姆的目光。

他们着手设计一个能够支持用户产生交友视频的网站。就在这个时候，他们注意到，他们临时站点的用户们对卡琳的视频非常感兴趣。卡琳是一位来自圣地亚哥的姑娘，在一段名叫《我在动物园》的短短 19 秒的视频中，卡琳站在大象围栏前说：“这些家伙最酷的事情就是，他们的鼻子真的真的真的好长，真的很酷。我要说的也就这么多。”为什么人们会喜欢卡琳的动物园之旅呢？这并不清楚。但是很快就会变身为 YouTube 的创新者们意识到，新的信息和他们最初的意图并不一致。在网络世界，非交友行为，似乎也像分类视频一样引人入胜，甚至更胜一筹。

这些创新者们认识到，交友网站局限性太大。他们考虑是否可以帮人们对他们所分享的视频进行在线拍卖。接着，他们把这个网站开放为一般用途。几个月之内，人们开始张贴各种各样的视频，内容涉及宠物、搞笑、课堂讲座以及旅行冒险。从他们在 PayPal 做工程师的时候开始，YouTube 的创始人就明白，通过一个已经存在的发布平台逐步成长的重要性。赫利、陈士骏和卡里姆编写代码，帮助人们把他们在 MySpace 上的文件嵌入到 YouTube，MySpace 是当时占主导地位的社交网络。YouTube 的成长一直有赖于 MySpace 的支撑，直到 2006 年，YouTube 的创始人以 16.5 亿美元的价格把自己卖给了谷歌公司。

PayPal 黑帮之 LinkedIn

“对于消费者网站，在第一次发布产品的时候，如果你没有感到窘迫，这说明你已经起步太晚，”里德·霍夫曼告诉我说，“每个人都想要自己的产品光彩夺目、非同寻常、能带来革命性改变，所以为了打造真的光彩夺目的东西，在研发周期上，他们花费了太长的时间。但事实上，时间才是至关重要的。”

作为一个 OODA 循环法的老手，霍夫曼认识到，为了掩饰自己以社交为目的的个人身份，人们会使用化身和网名。他发现了需求，要建立一个专业人士的在线网络，2002 年他就开始开发社交媒体的商业应用，这种应用不再局限于交友、娱乐以及分享照片——他迅速果断地开始行动。

创新者说
THE CREATOR'S CODE

对于消费者网站，在第一次发布产品的时候，如果你没有感到窘迫，这说明你已经起步太晚。每个人都想要自己的产品光彩夺目、非同寻常、能带来革命性改变，所以为了打造真的光彩夺目的东西，在研发周期上，他们花费了太长的时间。但事实上，时间才是至关重要的。

里德·霍夫曼，LinkedIn 联合创始人

2003 年 5 月，LinkedIn 上线发布。但它的成长极其缓慢，用户增长少之又少，每天只有 20 多个人加入。在 PayPal 的时候，霍夫曼有病毒式营销的经验。他计划通过专业人士之间的相互邀请，让 LinkedIn 获得同样的高速扩张。但是，他注意到，人们在决定是否加入 LinkedIn 之前，总想要知道，还有谁在使用 LinkedIn。“这个俱乐部或者网络难道空无一人吗？”霍夫曼提出了这样的问题。

他给 LinkedIn 增加了地址簿功能，这样，用户就可以看到自己的联系人当中还有谁在使用 LinkedIn。就这样，LinkedIn 开始聚拢人气。创新者必须观察（注意到消费者都在干什么）、调整（对看到的信息做出解释）、决策（决定行动方案）和行动（改变网站功能）。霍夫曼称这个过程是“富有灵活性的坚守”。2014 年，LinkedIn 连接起了 3.32 亿成员，收入超过 20 亿美元。公司估值达 270 亿美元。

PayPal 黑帮之 Palantir Technologies

在 PayPall 出售给 eBay 之后，彼得 · 蒂尔创办了全球宏观对冲基金 Clarium Capital 和风投公司 Founders Fund。与乔 · 朗斯代尔、史蒂芬 · 科恩（Stephen Cohen）、亚历克斯 · 卡普（Alex Karp）以及内森 · 格廷斯（Nathan Gettings）一起，他们研究新的商业机会。2004 年，彼得 · 蒂尔灵机一动，开发了一个类似于 PayPal 的 IGOR 那样的企业软件以打击恐怖主义。Palantir Technologies 公司由此诞生。今天，Palantir 是设计的强大的企业级软件，它得名于《指环王》中的那个能穿越时空看透一切的水晶球，能够对大量的数据源同时进行扫描。

“在 PayPal，开始也不过是一个想法，在不断变化的过程中，我们发现了有效的东西，然后就紧抓不放，”曾经在 PayPal 公司做过软件工程师的朗斯代尔说，“在 Palantir Technologies 同样如此。只要有快速迭代的灵活性，你设计的东西就能够与时俱进。”

利用 Palantir Technologies 的信息过滤工具，情报机构的分析师能够发现诸如飞行学校可疑的注册人员等信息。例如，在“9·11”恐怖袭击之前，19 名劫机者中有 5 个人的机票，都是他们的头目穆罕默德·阿塔（Mohamed Atta）用同一个电话号码下的订单。今天，通过 Palantir Technologies，这种模糊不清的关联可以更加清晰地显露出来。

在追捕本·拉登、挫败伊拉克的路边炸弹袭击、揭露阿富汗的自杀式炸弹网络、识别墨西哥的毒品集团等事件中，Palantir Technologies 公司发挥了重要作用。这家硅谷创业公司向美国中央情报局、美国国防部和联邦调查局提供数据挖掘工具，以便他们提取信息并采取行动。这听起来是不是有点儿让人难以置信？

Palantir Technologies 的创始人必须观察、调整、决策并采取行动，解决那些在帕罗阿尔托没有人曾经预见到的潜在问题。“在硅谷，我们习惯于一个干干净净的数据结构系统。”朗斯代尔说。但另一方面，负责国家安全的政府机构，必须对大量的没有结构的数据和稀有数据加以分类。“其中一部分数据是可信的，一部分数据并不可信。”除此之外，诸如谁有权使用信息，如何追踪信息使用痕迹，如何防止外部威胁等等，政府数据的这些复杂问题，Palantir Technologies 公司也必须加以考虑。为了提供新的解决方案，Palantir Technologies 不得不重新架构自己的技术。

创新者说
THE CREATOR'S CODE

只要有快速迭代的灵活性，你设计的东西就能够与时俱进。

乔·朗斯代尔
Palantir Technologies 联合创始人

“当你发现有一座冰山，要撞毁你的船，你不会到处说，‘商业模式要求我们必须朝这个方向走’。你会说，‘前方有冰山，我们必须躲过这一劫，或者绕开它，或者我们必须发明一种反重力机器’。”Palantir Technologies 公司首席执行官亚历克斯·卡普在最近的一次 Palantir Technologies 管理层会议上这样说：“不管必须做什么，我们都要全力以赴。”

运用 OODA 循环法，Palantir Technologies 马不停蹄，协作开发了程序 Raptor，这是一种更为强大的程序，它能够对海量数据编写索引，不论它们是不是结构化数据，也不论这些数据是否来自可靠信源。近三年来，Palantir Technologies 的工程师和情报机构的分析师并肩战斗，通过迭代协作完善搜索工具，让分析师能够与数据进行交互并完成智能连接。2014 年，Palantir Technologies 公司收入近 10 亿美元，公司估值达到 90 亿美元。

PayPal 黑帮之 HVF

“当我们有足够的数据的时候，我们的分析可以更加精确，解决方案也会更加有效。在这个世界上，成千上万的问题，通常都可以通过模式识别加以解决。”麦克斯·莱夫奇恩告诉我。他向我解释了再次运用 OODA 循环法创办 HVF 的原因。

HVF 致力于探索和投资利用数据技术，解决人类重大问题，并创造新的市场。2004 年，莱夫奇恩创建了 Slide 公司，这是一家提供媒介分享服务的公司，2010 年他把这家公司以 1.82 亿美元的价格卖给了谷歌。他还帮助创办了 Yelp 并担任其董事会主席。但是创办于 2011 年的 HVF，重新激发了莱夫齐恩这个“数据呆子”的激情。

“HVF 和 PayPal 公司有很多的相似之处。在还没有对成千上万的变量进行分析前，金融行业就为欺诈者制订了规则，”莱夫奇恩解释道，“但是，因为损失了这么多钱，我们有数以百万计的观察报告，这意味着，为了阻止那些坏家伙，PayPal 可以开发 IGOR 这样的的精确模型。我们用数据讨伐作恶者。”

利用 HVF，莱夫奇恩注意到，通过低成本传感器收集来的数据迅速激增。他决定运用自己在这个领域的商业和技术对这激增的数据加以利用。这个领域因“痛苦而低效”的过程而步履维艰。2014 年年中，由 HVF 剥离出了两家公司：Glow 公司和 Affirm 公司。

在研究千疮百孔的美国卫生保健体系的过程中，莱夫奇恩调整方向，从一个新的视角来攻克这个问题。他没有直接把注意力投向不断增长的成本，而是专注于如何能让这一体系以更低廉的成本健康运转。

“坏的行为很容易保持，而要改变自己的习惯，这对每个人来说似乎都不太容易，”莱夫奇恩说，“‘明天开始我要节制饮食。但今天晚上，我得吃些奶酪蛋糕’。这种情况比比皆是。”但如果人们得到了可以指导行动的健康数据，这些数据向他们展示了他们这种行为的后果，那么，情况会怎么样呢?

莱夫奇恩对心脏疾病进行了研究。他开发了一个装置的雏形，这种装置能够检测心脏周围的保水性，如果用户需要紧急治疗，它会发出警报声。但是，健康保险对此几乎没有什么兴趣。

莱夫奇恩很快再次做出调整。他决定，在十几个很大程度上被该领域的大玩家们忽视的医疗条件中，选择其中之一，自己变身为这种医疗条件的“白衣骑士”。2013 年他开发了 Glow，这是一种专为想要怀孕的妇女设计的应用程序。他之所以以不孕症为目标，是因为一方面健康保险基本没有覆盖这种病的治疗，另一方面，由于人们倾向于晚要孩子，不孕症的问题正变得更加普遍。运用数据和机器学习能力，Glow 把日历和采集自妇女身体的数据，如月经周期、基础体温、情绪状态和维生素摄取等，结合在一起，揭示妇女的最佳孕育日期。

Glow 也给健康保险添加了一个新的转机。使用这个应用程序的情侣们可以选择每月向一个基金捐助 50 美元。10 个月以后，这个基金将平均分配给那些还没有成功怀孕的人，帮助他们支付不孕症的治疗费用。

"一旦我们有几十万个数据采集点，我们对不孕症的了解将会大大加深。"莱夫奇恩说。有这些数据在手，他将再一次观察、调整、决策和行动，加大力度攻克不孕症。

从 2012 年开始，作为创新型消费借贷公司 Affirm 公司的创始人和首席执行官，莱夫奇恩再次使用 OODA 循环法。"今天用来申请住房贷款、汽车贷款或者信用卡的那些信用资料，质量非常差，也非常原始。"莱夫奇恩说。今天广泛使用的 FICO 评分是 20 世纪 70 年代的产品，当时只能得到有关消费者行为的很少几种数据。Affirm 利用数以万计的数据点对个人的信用度进行评估，数据来源无所不包，从社交媒体文件到移动电话数据。Affirm 对消费者的信用进行过程评价，莱夫奇恩说，"这比传统的风险评估要更好"。

合格的借款人可以用莱夫奇恩称之为"数字表单"的东西先在线购物后进行还款。每个顾客累计借款额度高达 1 万美元。对商人而言，有了莱夫奇恩的创业公司借款担保，Affirm 提供的这种先消费后还款的方式也就免除了风险。

“你将会看到，我们是否可以干掉那些大而不倒的家伙。”莱夫奇恩对我说。鉴于他这种观察、调整、决策并快速行动的能力，他们没有理由担心。

PayPal 黑帮之 Yammer

PayPal 公司第一任首席运营官戴维·萨克斯可能是这个公司最精通 OODA 循环法的人。在 PayPal 早期发展阶段的关键时刻，萨克斯设计了 PayPal 的“接受”或“拒绝”的产品功能，向企业收取交易成本。

PayPal 公司出售给 eBay 以后，萨克斯来到好莱坞，成立了 9 号房间娱乐公司（Room 9），制作了电影《感谢你抽烟》（*Thank You for Smoking*）。2006 年，他和别人一起创办了 Geni.com，这个家谱网站是一个亲属之间分享信息的家族社交网络。

“但是，到了 2007 年，我已经相当清楚地认识到，Facebook 正在吃掉家族社交网络的发展空间。”萨克斯说。注意到了 Facebook 的威胁，他决定把 Geni.com 更加集中于谱系，采取措施重新配置他的社交网络团队与企业应用，这一举措催生了 Yammer，一个用户界面和 Facebook 相似，但却是为企业而量身定制的社交网络。

在开发 Yammer 的过程中，萨克斯看到这样一种市场需求：跨业务流程、跨部门壁垒的交流和协作，大公司内部如何能够更加有效？“我们解决了很多呆伯特问题，”萨克斯说，“比如这么一些问题，谁是我的合作者？他们都在忙什么工作？我能贡献什么？其他的项目和团队进展如何？”

萨克斯找到了产品的“挂钩”——人们每天都会去做的一个简单的行为，就像是在 PayPal 上兑换钱币。与一个详尽列出了正在进行的项目的工作表相结合，围绕着“你正在忙什么工作？”这个问题展开的多次对话，激发了 Yammer 的病毒式增长。公司提供警示、通知、私人信息以及来自不同的项目团队和合作者的信息流。同事们张贴交流信息、文件、报告、链接、问题、视频、调查或其他与工作相关的内容。

“如果只是有一个好产品的想法，我决不会去创办一家公司，”萨克斯对我说，“你还得有很好的营销理念。”

萨克斯设计了一种“免费增值”营销策略：Yammer 被描述为一个自由网站，公司中的任何人都可以开始使用，不需要什么软件，也不需要等待许可。员工还可以注册，也可以邀请合作者加入。随着更多的员工使用 Yammer，公司视其为宝贵的资源，花钱升级服务，增加功能，并获得管理控制权。

当然，萨克斯自己的“分布套利法则”告诉他，他已经打开的机遇之窗将很快招来大批的盲目模仿者，他们会复制 Yammer 的增长策略。OODA 循环法的使用者明白，他们必须持续进步。萨克斯强调，在模仿者跟从之前必须“从小走向精”。在创办 Yammer 的第一年里，他筹措资金 1.4 亿美元，雇用了 200 名员工。“我相信作为羽翼未丰的创业企业，只有在它极大成功之后才谈得上商业模式，”他说，“当初在 Salesforce 启动 Chatter 的时候，如果我们处于弱小的状态，只有一个一二十人的团队，我们可能会像一只虫子一样被压死。”2012 年，萨克斯以 12 亿美元的价格把 Yammer 出售给了微软公司。

创新者说
THE CREATOR'S CODE

如果只是有一个好产品的想法，我决不会去创办一家公司。你还得有很好的营销理念。

戴维·萨克斯，PayPal 首席运营官

PayPal 黑帮的创新密码

PayPal 黑帮的创新密码是什么？这些创新者能够一次又一次如此成功地创办并壮大这些公司，他们是怎么做到的？

“PayPal 的确是一个极端的学习经历，”彼得·蒂尔说，“人们学到的高水平的经验就是，事情很难，但如果你真下够了功夫，就不会有问题。”在很多其他情况下，事情要么自动工作，要么根本不工作。“如果有人一辈子都在微软供职，这会相当明确，”他说，“另一方面，如果你曾经供职于一家失败的公司，正确的教训会是什么，这并不清楚。”PayPal 的经验是“正好在其间”，它给我们上了一堂宝贵的课。

PayPal 团队的所有早期成员都很年轻、好胜、好奇，并且准备好了经历多次蜕变，成就事业。两家公司，Confinity 和 X.com，聚集了大量的人才。在被 eBay 收购后，PayPal 培育出了大量人才，并在这些人的早期职业生涯中为他们提供了资本。PayPal 黑帮见证了一个成功的公司创业历史，他们走出去再次创办一个成功的公司。随着他们职业生涯的进步，他们相互扶持，再一次创业。

在实践中，让 OODA 循环法成为一种本能。不仅是在战场上，任何人都能够用好它。我们每个人都能学会观察、调整、决策和行动，并保持领先状态。

THE

CREATOR'S

CODE

04

按下“前进按钮”，设定失败比例

技能 4：不断试错

*****

管理失败，在每个关键点投下小赌注

棉花糖挑战，孩子胜过工程师

视挫折为机遇

最大的失败是拒绝尝试

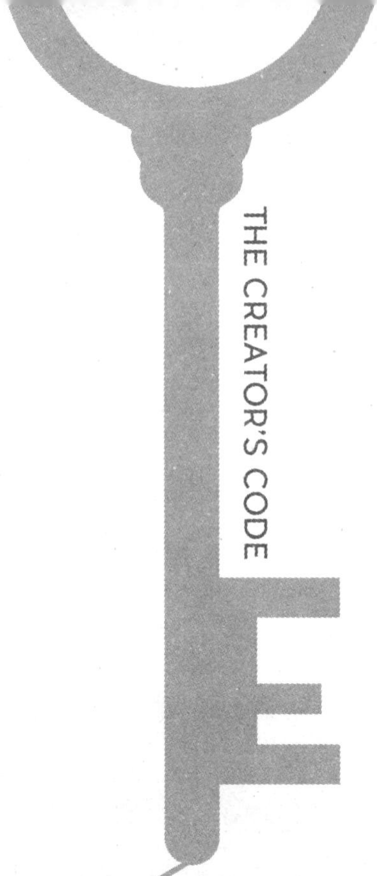

曾经尝试过，失败了。没关系。再尝试，再失败。这次的失败就会好很多了。

——塞缪尔·贝克特[1]

① 20 世纪爱尔兰裔法国作家，创作过戏剧、小说和诗歌，尤以戏剧成就最高。他是荒诞派戏剧的重要代表人物，最著名的作品为《等待戈多》。——译者注

创新者都有一个共同点，他们都经历过失败。

有些人很早就经历了失败，有很多人失败了一次又一次，而且几乎每个人都注定会再次失败，但他们也因此得出一个深刻的结论：失败令人进步。

我们发现，在孵化新观念的时候，很多我们愿意去预测的东西，其实都是不可预测的。创新者们不可避免地也会脱靶：困难的谈判，出人意料的结果，不断出现的产品缺陷，等等。虽然它既不会让人开心，也不会让人舒坦，但是失败是不可避免的。

创新者说
THE CREATOR'S CODE

硅谷最了不起的事情之一就是，大家普遍认为，失败是荣誉的勋章，因为人们可以从失败中对正在学习的东西进行评价。

戴维·凯利，IDEO 设计公司创始人

“从 SocialNet 的失败中我得到了一大堆教训。”里德·霍夫曼说。SocialNet 是他的第一家公司，一个把具有共同兴趣的人连接起来的网站。“由于公司的原型设计[①]文化，我们在开发产品和服务的时候，曾经有大量

① 指的是整个产品面市之前的一个框架设计。——译者注

失败的原型，”IDEO 设计公司联合创始人戴维·凯利（David Kelley）说，“硅谷最了不起的事情之一就是，大家普遍认为，失败是荣誉的勋章，因为人们可以从失败中对正在学习的东西进行评价。”

THE
CREATOR'S
CODE
破解密码

创新者们拥有一种能力，真正诚实地——有时候残忍地，面对自己的成功和失败；同时，他们意志坚定，这让他们能从错误中学到东西。“你一定要让朋友们告诉你，他们究竟看到了什么，”埃隆·马斯克说，“他们不想伤害你的感情，但是他们经常在你之前，就已经知道了你错在哪里。”创新者们毫不掩饰自己的缺点，他们承认自己需要帮助。自我认识是至关重要的。面对失败，创新者既不躲避，也不掩藏。

事实上，创新者们对各种小的失败持欢迎态度，在他们看来，这是推动自己前进的一种方式。

“今天你经历了什么失败？”每天晚上在餐桌旁，萨拉·布雷克里的父亲都要问这个问题。布雷克里运动方面很失败，唱歌也很失败。几次法学院入学考试她也未能取得好成绩。在从事传真机推销员时，她曾多次被人拒之门外。但是，当她努力申请新型内衣专利时，失败没有能够阻挡她。失败也没有能够阻止她创办 Spanx，没有阻碍她成为美

创新者说
THE CREATOR'S CODE

你一定要让朋友们告诉你，他们究竟看到了什么。他们不想伤害你的感情，但是他们经常在你之前，就已经知道了你错在哪里。

埃隆·马斯克
SpaceX 与特斯拉的创始人

国最年轻的白手起家的女亿万富翁。

即便是世界上最伟大的天才，也绝少有一蹴而就取得成功的。海明威的小说《永别了，武器》结尾修改了 39 次，手稿才得以出版。为了精确表现悲惨的瞬间，希区柯克的影片《惊魂记》（*Psycho*）中的淋浴场景拍摄了 78 次。凡·高称他自己的创作过程就是“重复”，一幅作品画了再改，改了再画，画过很多版本。贝多芬谱写交响乐的时候，常常经过数百次的删除、修正，纸张上满是涂改的痕迹。

THE CREATOR'S CODE
破解密码

在创建公司的过程中，为什么谁都愿意经历更少的困难，而不是更多的困难呢？生意场上的创新者是在市场波动的画布上开展工作的。传统的企业领导者经常努力追求效率，降低风险；而新型企业的创新者，则是从错误中学习如何继续创造的。

在一切全都乱了套的时候，风险投资公司 YC 创业营的联合创始人保罗·格雷厄姆（Paul Graham）让我们走出舒适的区域。“去和使用我们服务的纽约用户进行交谈。”Airbnb 联合创始人吉比亚说。为了近距离亲身体会他们的失败，吉比亚和布赖恩·切斯基通过 Airbnb 预订房间，住在房东家里，同他们共进早餐，进行交流。他们了解到的一个简单事实就是，那些租客张贴的照片，常常不能显示公寓最光鲜亮丽的一面。所以，草创期的创新者们租来相机，拍下照片，展示可预订的房间。

Theranos 公司创始人伊丽莎白·霍尔姆斯说：“在开办公司之前，我们就有思想准备，可能失败 1 000 次，但我们还将继续努力。我们开玩笑，把产品称作‘爱迪生’。”她在这里，指的是爱迪生的名言：“我没有失败，我刚刚发现有 1 000 条路是行不通的。”

创新者对让他们不舒服的事情感到很舒服。为了从失败中重获成功，他们下一些小的赌注，设定失败比例，信心十足地坚持奋斗，把挫折变成长处。他们这一身败中求胜的技能究竟是如何练就的？让我们做个深入的研究吧。

管理失败，在每个关键点投下小赌注

“你得把失败看作是开端或者中途，但永远别把它当作终点，”Stella & Dot 公司创始人杰西卡·赫琳说，“多少次人们问我，‘什么时候你知道自己会成功？’一直！我一直知道。但我从来没有指望过，在我刚刚开始尝试的时候就能取得成功。”

2003 年，在位于得克萨斯州奥斯汀市自己家里的阳光房中，赫琳再一次搭配了工艺桌上的小串珠。盯着这些明亮的小玩意和线轴，她暗下决心，一定要把这些玩意变成一桩切实可行的生意。在她的房间里，到处都是她自己亲手制作的珠宝配饰、益智玩具、定制的贺卡以及其他的直销产品。经过 3 个月的酝酿，她确定了最后的期限。

创新者说
THE CREATOR'S CODE

你得把失败看作是开端或者中途，但永远别把它当作终点。多少次人们问我，“什么时候你知道自己会成功？”一直！我一直知道。但我从来没有指望过，在我刚刚开始尝试的时候就能取得成功。”

杰西卡·赫琳，Stella & Dot 创始人

赫琳的丈夫是戴尔公司的一名电子商务经理，为了他的职业发展，赫琳跟随他来到得克萨斯。尽管在

“公司美国”[①]中她已经很成功，但她真正想做的是“解决现代妇女的窘境”。赫琳认为，妇女们想要的是独立自主、富有弹性的工作。她开始着手设计解决方案。

事情的发生完全出乎意料。一天，在达拉斯的一家宾馆，当时她正乘坐电梯，电梯上满是去参加玫琳凯会议的化妆品女销售员。这些女销售员腰系玫琳凯腰带，头戴玫琳凯头饰，手上还配戴着钻戒。她们相互交流着销售心得，流露出对自己所取得的成就的自豪感。从这些独立自主的女销售员身上，赫琳感受到一种活力。她的想法突然产生了，就是它了！她着手对这种现代社交销售模式进行升级，创办了 Luxe Jewels 公司。

“大概在参加了上百场派对和衣箱秀[②]之后，我才弄清楚谁是我的目标人群，什么才是合适的产品，”赫琳说，“我自己加工珠宝，制作请柬。我还自己建立网站。所有一切都是我自己来做。”

在每一个节骨眼上，赫琳都愿意小赌一把。带着她的想法，她穿梭于一个又一个衣箱秀，反复尝试，确定什么可用，什么不可用。她独创的手工珠宝的概念产生了效果，但还不够理想。“认识到这一概念并不完全正确的时候，我必须加以改变，”赫琳说，“我只好舍弃。”

2004 年，赫琳和她的搭档布莱斯·哈里斯（Blythe Harris）创办了 Stella & Dot 公司，这是一家“只为女孩子服务”的直销公司。公司动员独立的销售顾问——她们称之为“造型师”，通过在线销售或者在家展示

① 指美国现代经济体系中崛起的、在国家经济中发挥关键作用的大型企业群体。——译者注

② 时尚圈的新名词，可以理解为“非公开的新时装展示会”。由时装品牌的设计师或销售代表将尚未公开发布的时装新品，在特定的店面或场所直接拿出来给顾客展示的活动。——译者注

的方式，向顾客直销紧跟潮流的珠宝。“Stella & Dot”，这个得名于两位创始人祖母名字的公司，在销售产品的时候，把私人之间的家庭式销售和移动应用客户端、款式简介小视频以及造型师的个性化网站结合在一起。

在加利福尼亚州圣马特奥（San Mateo）的公司总部，赫琳一边说，一边给我展示她的最新的珠宝系列。“在进行价值百万的进货和大规模销售之前，我们会进行小规模的销售测试。这很容易。”

通过设置小的赌注，赫琳明智地控制失败。Stella & Dot 的造型师，通过反复试错选择产品。比如，在专门组织的会上，她会分发彩色的即时贴便签，让参会者在每一样产品陈列前都贴上“喜欢它”或者“丢掉它”的便签，以获得反馈。Stella & Dot 商品的一线销售员们对项链、耳环、手镯、产品目录封面以及家庭衣箱秀的产品样品进行投票。通过这样的测试后，在开始大规模投资之前，赫琳预先防范了失败的风险。

“在决策的时候，我常常会问自己这样一些问题，‘发射子弹之前，我该如何射出子弹？当我重新校正目标的时候，我还有足够的弹药去大干一场吗？’”赫琳说，“所以，我是在冒险，但这是有计划的冒险。为确保我们继续成长，在生意场上，必须准备好足够的弹药。”

在对公司业务向英国扩张进行研究的时候，赫琳听说，英国妇女更矜持，她们不会愿意在自己家里做销售 Stella & Dot 产品这样的事。为验证这个说法，赫琳在 5 天的时间里进行了 7 次衣箱秀，在她们的客厅里拜访她们，直接询问她们这种模式是否合适。她认识到，只需稍加调整，这种模式就会有效。2011 年，Stella & Dot 启动国际化战略。今天，美国、德国、法国和爱尔兰的妇女都可能在自己家里举办 Stella & Dot 产品的衣箱秀活动。

“当你创办公司的时候，没有人知道100%的答案。相反，你的目标就是要说，‘我正在尝试这三件事情，其中之一将会有圆满结果。’”赫琳说。

Stella & Dot持续发展，2013年销售额超过2.2亿美元。16 000多名造型师——从达拉斯的足球妈妈（soccer mom）①、曼哈顿的大学生，到迈阿密的奶奶、旧金山的医生——都通过向自己的朋友举办Stella & Dot的衣箱秀，投下了她们自己的小赌注。

“今年我们的目标不是挣最多的钱，”赫琳说，“我对我的董事会讲，为了我们的公司明年和以后变得更大更好，还需要试验和学习。我想要Stella & Dot成为一家世代相传的伟大公司，这需要经历许多失败，需要在你的组织中培育这种乐意失败的氛围。”

棉花糖挑战，孩子胜过工程师

2002年，在了解数字设备制造商掌中宝公司的用户体验后，时任Handspring公司新产品开发主管的彼得·斯基尔曼（Peter Skillman）启动了一项实验。实验是一个设计竞赛，也就是后来著名的“棉花糖挑战”。

实验很简单，要求4名成员组成团队，用18分钟建造起一个独立结构，建成的独立结构越高，团队的成绩就越高。可能用到的东西包括：20根意面、1米长的胶带、1块棉花糖和1根绳子。棉花糖需要放在最顶层。面对这个问题，你会如何解决呢？

① 指住在郊区，把大量时间用在接送孩子去参加一场又一场体育活动的妈妈们。——译者注

斯基尔曼花了 5 年时间，针对不同群体的 700 多人进行了该项实验，包括商学院学生、台湾电信工程师、东京大学毕业生、《财富》500 强公司的经理人。在 2007 年度的 GEL 大会[①]上他分享了他的发现。

如其所料，工程师表现良好，他们找到了一种方法，把意大利面组合起来以支撑棉花糖的重量。商学院学生表现最为糟糕，他们花费大把的时间，制订计划、建立组织、研究意面，以及讨论谁可能成为意大利面公司的首席执行官（斯基尔曼就是这样描述的）。

THE
CREATOR'S
CODE
破解密码

什么人成绩最好？答案是幼儿园的孩子们。那么，幼儿园的孩子们何以战胜训练有素的工程师？因为他们一点儿时间也没有浪费——没有围坐在一起讨论该把棉花糖塔建成什么样子，没有琢磨职位分配的问题，也没有去勾画完美无缺的策略——他们大胆地投身于任务之中。孩子们并不认为可能存在着唯一正确的答案。他们不断尝试，得到反馈，然后再次尝试。

孩子们建造出来的独立结构千奇百怪，但平均高度达到了 63 厘米。拥有高学历的经验丰富的工程师，也找到了各种方法支撑棉花糖的高度，但他们建造的独立结构的高度只有 60 厘米。幼儿园的孩子们也是唯一要求增加意面数量的人群。成年人不会质疑规则，而孩子们则不受惯例的约束。

① 全称 Good Experience Live，是一个具有国际影响力的综合论坛。它的演讲主题包括商业、艺术、社会、技术以及各种人生体验。出席大会的演讲者来自各行各业，发表自己对于各种前沿话题的看法。——译者注

“如果你的时间不多，那么失败就更为重要，”斯基尔曼说，“失败越早，则成功也越早。”

幼儿园的孩子们之所以成功，是因为他们不忌惮失败，在失败中学习。

立刻行动，按下“前进按钮”

2004 年夏天，加州大学的研究人员在加州圣马科斯市（San Marcos）981 个邻近的门把手上挂上黄色的吊牌，号召人们节约能源。吊牌上用英语和西班牙语印着建议人们节约能源的劝导性的文字和图画：“你每月可以节省 54 美元”；“你能拯救地球”；“你可以成为一个好公民”。这些信息没有起到一点作用。第四种吊牌上写着：“你的邻居中有 77% 的人关掉了空调打开了风扇。请加入他们的行列。”这个信息产生了作用。房东们削减了他们的能源使用。这个事例可以证明，社会压力是一种有效的刺激因素——比财务刺激或者道德压力更为有效。

这个实验鼓舞了丹·叶茨（Dan Yates）和亚历克斯·拉斯基的研究，他们想要通过行为科学的方法减少人们日常的能源消耗。类似于那些挂在门上的吊牌，叶茨和拉斯基投下他们自己的小赌注。

“叶茨有一个‘摁下前进按钮’模式，我一直觉得很小儿科，但它确实有用，”拉斯基说，“我们一致同意，立即行动起来，想方设法搞清楚，是否可以一起做一些可能对环境产生积极影响的事情。如果有一个自己也觉

创新者说
THE CREATOR'S CODE

如果你的时间不多，那么失败就更为重要。失败越早，则成功也越早。

彼得·斯基尔曼

Handspring 公司前新产品开发主管

得很不错的想法，我们会‘摁下前进按钮’，放下一切，全力以赴。”两个人对冰箱的回收利用、家电的升级能效、太阳能面板的制造等问题，一起进行了研究。

通过行为科学改变消费者的能耗习惯，这个具有潜在可能性的想法激起了这些学院派朋友的共鸣。叶茨是一个计算机科学家，他创办了Edusoft，专注于教育评估软件的开发。“我研究过一系列失败的政治运动。”拉斯基说。他也有就公共舆论问题同政治实体打交道的经历，其中包括能源效率问题。

有一次，叶茨和拉斯基从弗吉尼亚的阿灵顿到斯坦福大学去参加一个太阳能会议。由于早到了几个小时，他们决定冒昧地跟帕洛阿尔托公用事业公司打个电话，推销一下他们关于消费者行为的观念。经过了重重门槛，出乎意料的是，他们见到了帕洛阿尔托公用事业公司的市场推广总监。“如果你们两位来做这件事情，我们愿意成为你们的第一个客户。”这位总监对他们说。拉斯基随后决定，他们应该聚焦于能源利用，以提高能源利用效率。“你疯了吗？这只是一个帕洛阿尔托，不是美国。”叶茨对他的朋友说。

他们接着投下另一个小赌注。电话联系了得克萨斯州能源部门之后，他们受邀参加 2007 年 4 月举行的得克萨斯州立法委员会议。叶茨和拉斯基飞到了奥斯汀。“有 4 天时间，我们两个人都在同一间卧室中商讨，商讨的结果最后在州议会掀起了热烈争论。”叶茨回忆说。得克萨斯州一位众议员告诉他们，他会支持他们“聪明的想法”，并把其写进 3 693 号议案，但是，如果有任何人反对，消费能效实验都可能被中止。议案通过了。叶茨和拉斯基又拿下一局。

“如果加利福尼亚州的嬉皮士和得克萨斯州的共和党人都喜欢这个想

法，我们觉得我们做的事情非常有意义。”拉斯基说。同年稍晚时候，他们创办了家庭能源管理企业 Opower，开始发布个性化、可比较的家庭能源报告。公司发布的每一份报告都详细展示了每一户消费者的能源使用情况，以及附近 100 个面积大致相同的家庭的能源使用情况，并就如何提高能源使用效率提出建议，比如，家里没人的时候关掉电器和照明设施，隔离阁楼，密封好门窗周边，升级照明和家电的能效等。

萨克拉门托市公用事业公司对这个概念很感兴趣，但他们需要一个碳排放计算器。“仅仅用了两周时间，我们就为他们开发了一个碳排放计算器，”叶茨说，“就这样，我们说服了他们用我们的概念进行试验。”这是又一个小赌注。

萨克拉门托市公用事业公司成为 Opower 的第一个客户。该公司开始向它的 110 万用户中的一部分提交报告。在报告中，眉开眼笑的图标表示这个家庭的能源效率较高，眉头紧皱的图标表示这个家庭比他们的邻居消耗了更多的能量。“人们不喜欢它。”叶茨说，所以公用事业公司停止使用了眉头紧皱的脸。这个小赌注以失败告终。

在明尼苏达州，Opower 的另一家早期客户 Connexus Energy 公司会在消费者使用能量超过邻居时，向消费者发送一个“高于平均值”的信息。这意味着他们“比邻居使用了更多的能源”。

不是所有的小赌注都能获得成功。Opower 曾经想要在 Facebook 的朋友圈当中创建一个应用程序以扩展社交能力，但这个尝试没有吸引多少用户。“这当然非常令人失望，”叶茨说，“发展势头不好，我们最终决定放弃它。”

但是，总体来讲，消费者行为实验是有效的。发给公用事业公司消费者的有针对性的能源消耗报告已经帮助能量消耗使用平均降低了 2%~3%。对邻居的能源使用情况的了解，确实有助于改变消费者的能源使用行为。

2013 年，叶茨和拉斯基再次进行实验：他们尝试降低电网的最高负荷要求。Opower 与巴尔的摩公用事业公司展开合作，向消费者发送定制化信件、电子邮件和电话信息，指导他们在用电高峰时段如何削减电量使用。这些信息建议消费者尝试做一些小小的改变，诸如调整空调温度，推迟洗衣时间，以及在用电高峰过后再使用洗碗机等。这个实验降低了用电高峰时段 5% 的住宅用电。

Opower 公司到今天还一直在投下小的赌注。和它进行合作的公用事业公司现已达到 90 多家，这是一个相当了不起的成绩。“Opower 公司所节省的电量相当于迈阿密市所有家庭一年所使用的电量，”在 2014 年 4 月公司上市之前，拉斯基这样说，“自公司成立以来，我们累计节省用电 500 亿度，足够新罕布什尔州全部 130 万个家庭消耗一年。”

“认识到自己可能失败，你就应该先进行测试，”吉尔特团购公司联合创始人亚历山德拉·威尔奇思·威尔逊解释说，“你可以把这些测试称作失败，但是我们把它看作是学习、获取和分析数据的一种方式。有时候测试表现得非常好，有时候你会从中学到东西并且去想，‘我本可以把工作做得更好’。”

THE CREATOR'S CODE 破解密码

为了确定一个产品或概念是否可能取得成功，创新者通过低风险实验来测试概念，并迅速以较低的成本创造性地汇集有价值的意见。由于采取了风险测试，他们避免了灾难性的错误。

“失败这种东西，只有事后你才能知道。”Handle 公司联合创始人、Menlo Ventures 合伙人肖恩·卡罗伦（Shawn Carolan）说。Handle 公司是一家致力于解决电子邮箱过载问题的应用软件公司。作为一个企业家，卡罗伦把公司发展过程中的迂回曲折称作“枢轴”，只有在对“枢轴”的回顾当中才能揭示出失败的原因。创新者尝试多种方法是为了发现什么将会有效，什么将会无效。

史蒂文·道（Steven Dow）是卡内基梅隆大学人机互动研究中心教授，他在知识试错实践的研究中投入了大量精力。通过齐心协力开展实验、再评估和重新分组，史蒂文·道教授指出，**比起仅仅试图完善一个概念、产品或想法，实验产生的结果要好得多。**

为了探究这个原理，史蒂文·道和他的同事一起从中学物理课上借用了一个简单的实验，他们组织了两个小组，进行鸡蛋跌落实验。这个实验要求参赛者设计一个容器，当把鸡蛋向地面上丢的时候，这个容器可以防止鸡蛋打碎。两个小组所得到的材料都是相同的，包括清管器、雪糕棍、海报板、橡皮带、泡沫和纸巾。在开始进行鸡蛋跌落测试之前，每个小组有 40 分钟时间，其中 25 分钟时间用来设计容器，15 分钟时间用来制作容器。

但两个小组之间有一个区别：控制组的参与者每人只有一个鸡蛋。在这一组当中，每个人都将用这一个鸡蛋进行设计、制作并测试装置；而原型设计组的参与者，每人都有一盒鸡蛋。在设计阶段，他们受到鼓励，分别在比赛开始 5 分钟、10 分钟、15 分钟和 25 分钟的时候，进行跌落测试。每一个人都可以对多个设计进行测试。

差不多半小时后，控制组的每个人都竭力设计了一个保护鸡蛋的独立装置。这些人致力于最终的产品，并想要这个产品完美无缺。但是，原型设计组的参与者运用一系列的设计、技术和概念，组合材料，创造了一个又一个装置。他们没有集中力量去完善一个设计，这些实验者对他们的容器进行了应力测试，改进他们的降落伞、悬浮系统、减震支柱和承装鸡蛋的巢。他们进行了多次跌落试验，以检验其设计成果。

带着他们在设计阶段获得的知识，参与者进入到制作阶段。然后，测试开始：鸡蛋从越来越高的位置落下，直到它打碎。在设计阶段曾经被允许打碎鸡蛋的那些人所设计的装置表现更好。比较起来，原型设计组所设计的装置，其平均安全高度达到了 186 厘米，而控制组的装置安全高度只有 100 厘米。

THE CREATOR'S CODE
破解密码

尽管所用的时间和材料都一样，但被允许从失败中学习并重新设计他们的系统的那些人表现更好。他们能发现缺陷和限制，尝试用多种测试来获知改进的方法。通过实践，他们也了解到如何多次建造同样的装置。非原型设计组的参与者只能推测他们的装置表现如何。对那些能够从失败中获取智慧的人，小赌注更易促进他们走向成功。

为自己设定失败比例

多少次失败是可以接受的？ 10%，20%，还是更多？在我的研究中，我发现创新者事前往往会设置一个令人奇怪的失败比例。他们之所以如此，目的不在于追求完美，而是要确认他们冒了足够的风险。做好承担一定数量失败的准备，有助于他们通过实验找到前进的途径。对于失败，他们有着通盘的考虑，在他们看来，即使是疏忽大意，也常常自有其价值。

创新者看待失败的方式常常与众不同。在一次同中央情报局分析师一起召开的会议上，In-Q-Tel 创始人吉尔曼·路易就分析师对待失败的消极态度问题，直截了当地进行了批评。In-Q-Tel 是一家战略创投基金，其宗旨是培育科技公司，这些公司的产品要为美国情报机构提供帮助。路易对分析师指出，他们当中的很多人没有清楚地考虑过他们在工作中愿意承担的风险。他感到非常惊讶，在某一种情境中，这些分析师是那么勇敢；而在另一种情境中，他们又那么厌恶风险。

“如果恐怖分子在房间中投掷一颗手榴弹，”路易说，“你们任何一个人都会从椅子上跳起来，扑倒在手榴弹上，以保护其他人的生命。你们愿意为他人或者为这个国家牺牲自己的生命。但是，如果有人冲进房间里说，‘我需要有人做出一个决定，不过，如果这是一个错误的决定，你的职业也将就此终结’。你们所有的人都会逃之夭夭。在这里工作的人，甘愿为国家冒生命的危险，而在自己的职业生涯中，却总是畏首畏尾，这让我感到非常奇怪。”

一名情报分析师举起手，给出了牵强的解释。她说：“如果扑倒在手榴弹上牺牲了，我不必为以后的生活担忧。”

是的，失败确实令人恐惧。但是，失败的真正代价并不像我们想象的那样巨大。

“你必须改变你的思维方式，你应该说，‘失败就失败吧，只要不是灾难性的失败’”研究了这种困境之后，路易说，“要做到这一点，不要单独去看任何一个项目成功或失败的可能性；相反，要对你在一个投资组合的背景中的整体表现做出评价。这其中的区别很微妙，但也很重要。”

THE CREATOR'S CODE
破解密码

创新者不怕失败。相反，他们积极寻找办法降低失败可能造成的冲击。方法之一就是，把关注的焦点从个人成败中解脱出来，在一个更大的背景中对结果进行评估。例如，在投资的世界中，即便是沃伦·巴菲特，也不能保证所选的一大堆股票个个都能赚钱。最成功的投资者通过选择赢多输少而取得进步。

更常见的是，如果他们几乎没有经历失败，他们会感到担心。“我谈到过的一个重要的尺度就是，要确信我们有足够的失败的经验，”eBay 公司创始人皮埃尔·奥米迪亚说，“向着你的目标，继续做你做过的事情，这就是结束失败的秘诀。”

对创新者来讲，最佳的失败比例是具体的，在不同的组织、行业和文化中，失败比例的高低可能会有所不同。一般而言，失败的代价越小，失败比例可以设置得越高。“我心中大致有数，可以说，三次尝试中有一次失败，这是我愿意承担的，”Stella & Dot 创始人杰西卡·赫琳说，“这是一个可以忍受的成功平衡点。”如果你还没有遭受挫折，赫琳相信，你大概是进取心还不够强吧。

“坦率地说，如果你调整了失败比例，甚至把失败比例设置为零，通常，你成功的概率也已经变成了零，”LinkedIn 公司联合创始人里德·霍夫曼说，“关键在于，当你到达失败的关卡时要想办法，你知道该停下来。”创新者会设置时间和财务底限，以确定何时转变策略。

在公司稳定发展时期，风险容忍度通常会收缩。在诸如 eBay 这样的大公司，失败比例常常设置得太低。“在你成功的时候，每一个人，从你的客户、你的员工，到你的管理人员，甚至你的董事会，都想要继续去做那些已经使你获得成功的事情，”奥米迪亚说，“但是，在一个快速变化的环境中，你必须要和那些因循守旧的想法作斗争。”

人们终究会认识到，接近失败底线，尝试新想法，即便犯一些错误，也确实可能是明智的。

2005 年，时任谷歌公司首席执行官的埃里克·施密特（Eric Schmidt），勾画出他的管理实践 721 公式：70% 的时间用于改进搜索和广告这两块核心业务，20% 的时间用于像谷歌地图这样的与核心业务关系密切的邻近业务，剩余的 10% 用于探索全新的概念。这样一种尺度，有助于管理者在致力于现有业务运营的同时，优先处理创新问题。谷歌工程师可能把 20% 的上班时间花在了追求个人有兴趣的副业项目上。谷歌一部分最有影响的项目，例如 Gmail 邮箱，就来自工程师的试验时间。“我们的目标是每一局比赛都有更多的打数[①]，都比世界上其他任何人投入更多的精力。”施密特说。

> **创新者说**
> THE CREATOR'S CODE
>
> 在你成功的时候，每一个人，从你的客户、你的员工，到你的管理人员，甚至你的董事会，都想要继续去做那些已经使你获得成功的事情。但是，在一个快速变化的环境中，你必须要和那些因循守旧的想法作斗争。
>
> **皮埃尔·奥米迪亚，eBay 创始人**

对于那些投资新创业公司的风险投资家而言，失败比例可以超过 70%。在 10 项投资中，通常只有一两项会产生有重大意义的回报。“我们所寻找的东西，应该能够产生 10

① 棒球术语，指打席在扣除保送、投球中身、牺牲触击、牺牲长飞打诸项之后的“纯”打击次数。——译者注

倍或者更多的回报，”Menlo Ventures 合伙人肖恩·卡罗伦说，“所以，我们正在寻找大市场以及能够引领企业真正快速发展的动力。”卡罗伦是 Siri 的早期投资者，Siri 是一种语音命令个人助理软件，现在属于苹果公司所有。卡罗伦还投资了 Uber，这家提供按需运输服务的公司，通过手机应用程序把乘客和待租的汽车驾驶员联系在了一起。“我们一直在寻找高成长的好公司，好到你回过头去都不能想象，”卡罗伦说，“当人们尝试这样去做的时候，他们都上了瘾。这些都是自然的强大力量。”卡罗伦也曾经和它们失之交臂。他曾经拒绝了一些后来取得很大成功的公司，比如 Evernote、Pandora、房地产搜索引擎 Trulia 和在线房地产公司 Redfin。

导致公司失败的原因不计其数，有时候是因为观念过于超前。“先有 Friendster①，后来才有 Facebook。”恩颐投资（New Enterprise Associates）合伙人帕特里克·钟（Patrick Chung）指出。有时候，企业家面对某一个特殊的客户群得心应手，而面对另外一个客户群的时候又可能不知所措。帕特里克·钟最近投资了两个企业家创办的 Storably，这家公司专门为人们的地下室和私家停车场的空闲空间提供在线消费市场。“我们千方百计尝试了各种办法，但都没有奏效，所以我们决定结束这个业务，”帕特里克·钟说，“但是，当这两个企业家决定创办一家名为 Curalate 的形象分析公司的时候，我们支持了他们。这一次，他们的客户有 400 多个品牌，美国零售业 50 强公司有一半都是他们的客户。公司运转得非常好，好到让人难以置信。”有时候，团队内部缺乏活力会导致失败。“我非常看重团队定向问题，”在描述他如何评价对 Founders Fund 的投资时，彼得·蒂尔说，“和转变团队人员相比，转变商业模式要容易得多。”

---

① 全球最大的社交网站之一，成立于 2002 年，早于 Facebook 和 MySpace 等其他知名的社交网站。但是之后在美国很快就失去了优势。——译者注

而有时候，技术和市场会向不同的方向发展。“突破性的想法最初看上去会有些疯狂，”SoftTech VC 合伙人查尔斯·赫德森（Charles Hudson）说，“如果世界向右走或者向左走，它都能够创造一个巨大的成果，或者葬送一个团队。”概念必须是切实可行的，团队必须要赢。这听起来很简单，但这些事情同时如愿却很困难。“如果你选出两个企业家，他们并驾齐驱，能力完全相同，除了一个企业家曾经多次失败，而另一个企业家还从来没有失败过，我更愿意选择向前者而不是向后者投资，”创业投资公司 Benchmark 合伙人马特·科勒（Matt Cohler）说，“从失败中学习，能给你带来更有价值的资产。”

THE CREATOR'S CODE
破解密码

创新者们相信，不管是好是坏，他们都在体验一种以前任何时刻也未曾体验过的东西。在创办新企业的时候，他们每天都会经历起起落落。为适应这种变化，创新者们要用很长一段时间衡量自己的职业生涯。这种体验把失败放置到一个更大的背景中，以减少一次性的输赢的影响。

一旦我们认识到，在一个快速变化的环境中，即便我们每一件事情都做得很“正确”，我们也可能失败，那么，设定失败比例就成为明智之举。把我们自身的能力推到极限，这有助于我们成长，并为下一步可能发生的一切做好准备。如果我们设置了太高的失败比例，并且经历了太多的挫折，失败比例可以向下调整。失败比例并非一成不变，它不仅和我们所处的行业和职业有关，也和我们职业生涯的不同发展阶段有关，需要考虑家庭、财务情况、健康等诸多因素。关键是要设定一个大于零的失败比例。

保持信心，坚持下去

“那种感觉就像是眼睛盯着深渊，嘴里嚼着玻璃。”谈到特斯拉工厂地板上的传送带发出的金属撞击声时，埃隆·马斯克这样说。他正在谈论的是，创业到底是怎么一回事。

对马斯克来说，2012 年是转折性的一年。但是能走到 2012 年，却并非那么容易。4 年之前，他翻箱倒柜拿出全部积蓄，独自创建了这个毫无经验的汽车公司。2008 年的经济衰退几乎没有给他的创业企业任何喘息的机会，但是马斯克真的是掘地三尺。为了制造全电动汽车，他甚至向朋友借钱。

马斯克的想法不同于底特律的任何一个人。传统的汽车制造商大批量生产价格低廉的混合动力汽车，马斯克颠覆了这个做法。特斯拉跑车应该是小批量生产的高性能运动型汽车。它的驾驶体验像法拉利，从 0 加速到 60 公里的时速，只需要 4.4 秒——如果能够上路行驶的话。但它是地地道道的电动汽车，装有 7 000 个微型电池。

由于现金耗尽，加上汽车行业的专家认定特斯拉必败无疑，投资者召开了紧急会议。无论如何，会有人真正相信互联网企业家可以制造汽车吗？

在挤满反对者的会议室里，马斯克拿出了他的最后一分钱。他的态度非常坚决。不仅如此，他还当众承诺，如果特斯拉未能如期交付，他将退还所有客户的预付款。他的决心令投资者感到震惊。马斯克的担当精神感染了富有传奇色彩的创投资本家史蒂夫·尤尔韦松（Steve Jurvetson），他决定和他一起投资。马斯克的弟弟、特斯拉汽车董事会成员金贝尔说，毫无疑问，马斯克会坚持到底，即使他已经身无分文。12 月 24 日，马斯克完成了新一轮融资，此时距离公司宣告破产的最后期限只剩下一个小时。

“你必须心甘情愿地经受各种痛苦，真的，必须极其努力地工作，还要敢于承担风险。这不会是一个轻松安逸的过程。”马斯克说。

特斯拉汽车的试验和磨难是痛苦而漫长的，这一点人所共知。工程延误，成本超支，质量问题，这一切不仅使得跑车生产无法如期完工，而且导致成本成倍上涨。2007 年，马斯克认识到，每辆特斯拉汽车光是原材料成本就已经高达 14 万美元，而它的标价仅仅 9.2 万美元。他解除了特斯拉联合创始人、公司首席执行官马丁·艾伯哈德（Martin Eberhard）的职务，把自己最后一点儿个人财产投入公司，并亲自出任公司首席执行官。

经过 5 年的设计和改造工作，特斯拉公司仍然未能生产出万众期待的跑车。“我们最初的设想是，可以从 Lotus Elise 获得底盘许可，从 AC Propulsion 获得传动系统技术许可，两者结合后就可以把产品迅速推向市场并取得成功，”马斯克说，“这是不对的，现在回想起来，非常无语。”

借用现成的技术这种想法听起来很有吸引力，但是特斯拉跑车的自重超出了 Lotus Elise 30%。由于没有足够的空间，工程师们又不得不延长底盘。这就使得重量分布发生变化。在所有的碰撞试验中，特斯拉汽车都惨遭失败，只能重新回到设计阶段。“这就好像你买了一座房子，”马斯克说，“它不是你想要的房子，你又觉得自己能够把它变成你想要的样子。但你最终得抛弃一切，除了一堵墙和地下室。它一直这样便宜，自有它便宜的道理。”

创新者说
THE CREATOR'S CODE

你必须心甘情愿地经受各种痛苦，真的，必须极其努力地工作，还要敢于承担风险。这不会是一个轻松安逸的过程。

埃隆·马斯克
SpaceX 与特斯拉的创始人

2008年，马斯克重新同供应商进行合同谈判，削减成本，解雇了公司30%的员工，关闭了底特律办事处。他开始寻找替代性的收入来源，并开始为戴姆勒的电动智能汽车、奔驰A级和丰田的电动汽车RAV4制造电池。他申请了政府贷款担保，声明救助资金不应该局限于生产“油老虎”的汽车厂商。特斯拉从美国政府获得了4.65亿美元的贷款，投入到下一代特斯拉S型小轿车的研制中，这也开创了生产电动汽车的小型公司得到政府资助的先例。

“如果你是公司创始人或者首席执行官，你必须做各种各样的事情，很多事情可能你自己并不乐意去做。这没有什么丢人的，”马斯克说，“你在工作的时候要是挑挑拣拣，公司就不可能成功。该做的事情你都得去做。”特斯拉公司一位青年员工回忆说，有一次，一个车轮卡在了生产线上，马斯克自己爬了上去，把它从平台上推了下来，而工厂的工人当时都还束手无策。

作为两个创业公司的首席执行官，马斯克每周周二到周四在特斯拉公司，其余时间在SpaceX。在他进入特斯拉公司18个月后，公司生产了第一辆使用锂离子电池的汽车产品，一次充电可以行驶200公里以上。

2010年6月，马斯克带领特斯拉成功上市，成为自1956年福特汽车公司发行股票以来第一个成功上市的汽车企业。“不要买这只股票！不要租这车！压根儿就不应该租这破玩意儿！”《我为钱狂》（*Mad Money*）节目主持人吉姆·克拉默（Jim Cramer）大声叫嚣。然而，上市4年，特斯拉汽车公司的股票价格持续上涨。马斯克让批评者再一次感到意外。

2013年，特斯拉S型轿车被评为“年度趋势汽车”，成为第一辆获此殊荣的非燃料动力汽车。这辆出色的汽车是一个工程奇迹。然而，在汽车行业，特斯拉仍然是一个乳臭未干的初创企业。就生产规模而言，传统的汽车制造商仍然让它相形见绌。

马斯克把特斯拉从崩溃的边缘拉了回来。但这也不能让他高枕无忧。“我很担心失败，”当我们走过特斯拉工厂的时候，马斯克说，“是的，绝对是这样。我感到非常害怕。”

当我看着巨大的铝板被精心切割、冲压、折叠成 S 型小轿车的框架，巨大的红黑两色的机器人正准确安装窗户、连接导线的时候，似乎很难想象，这家公司几年前还曾饱经磨难。那么，马斯克是如何坚持下来的呢?

“如果事情足够重要，或者你相信这个事情足够重要，即使感到恐惧，你还是会硬着头皮往前走。”马斯克说。

当你对你的工作的重要性深信无疑的时候，你更容易接受挫折。创新者对他们所做的事情充满激情，献身精神使得他们勇于承担前进道路上的艰难困苦。

“我在计较什么？如果失败，我会坦然接受吗？答案是肯定的，我坚信这一点，”Stella & Dot 公司创始人杰西卡·赫琳说，“一定要有业务上的主动精神，‘嗯，它可能奏效，也可能不奏效’，但是我的罗盘指向正确的方向。我所做的一切都有正确的理由吗？当然！”赫琳一边拨着电话，一边讲述她如何创办企业，为妇女提供实现梦想的机会。

“没有什么东西是可以保证的。”Opower 创始人亚历克斯·拉斯基说。

创新者说
THE CREATOR'S CODE

如果事情足够重要，或者你相信这个事情足够重要，即使感到恐惧，你还是会硬着头皮往前走。

埃隆·马斯克
SpaceX 与特拉斯的创始人

2013年，拉斯基发现有一个肿瘤压迫着他的脑神经。它是良性的，但这一经历促使他重新审视自己的生活。“我想成为一个更好的丈夫，成为一个更好的儿子。我是一个好爸爸。说起我的工作，”他说，“我觉得并不复杂。这是一个很好的感觉。对我而言，在一些无意义的事情上花费时间，这简直不可想象。”

马斯克说：“可持续能源是一个必须解决的问题。”在大学期间，他就写过论文，研究电动汽车和太阳能发电的重要性。“我妈妈就做过这方面的研究，”他笑着说，“这不是我随口编造的！我没有像后来有些人告诉我的，要去虚构故事。”特斯拉汽车公司能够存活下来，就是一个例子，说明马斯克对他的工作是多么热爱。

有时候，失败可以使人谦卑。奈飞公司（Netflix）联合创始人里德·哈斯廷斯（Reed Hastings）很了解这一点。“我搞砸了，”2011年9月，在奈飞公司的博客中，哈斯廷斯写道，“事后我才意识到，由于沉湎于过去的成功，我滑落到了自以为是的泥沼之中。”

几个月前，哈斯廷斯刚刚宣布，奈飞公司将拆分成两家企业：DVD邮寄服务公司和在线视频流服务公司，视频公司用户每月收费7.99美元。提升服务价格的这一尝试命运坎坷，激起了订户的不满——大约80万愤怒的消费者取消了服务，还有人呼吁哈斯廷斯辞职——这让奈飞公司陷入了死亡的漩涡。

2011年10月10日，哈斯廷斯推翻了自己的决定。DVD邮寄服务公司仍然作为奈飞公司的一部分予以保留。

仅仅一年以前，哈斯廷斯还曾当选《财富》杂志“年度商人”；现在，媒体的批评不绝于耳，甚至是正在热播的《星期六夜场秀》节目也拿他进行恶搞。Netflix 的股票价格一路暴跌，从每股 300 美元跌到了 2012 年 9 月的 53 美元，市值蒸发 120 亿美元。

哈斯廷斯不能保证奈飞公司可以起死回生，但他并没有陷入恐慌。他坚持自己对流媒体业务的长期愿景，专注于向现有客户包括 DVD 邮寄服务的用户提供更好的服务。

“我们没有打算去找到一个想法或一种姿态让人们再爱我们一晚上。我们必须通过稳定的、训练有素的服务重新赢得他们的信任。”哈斯廷斯说。

“他拍了拍身上的尘土，站起身来，继续奔跑，”金融服务公司 BTIG 的媒体分析师理查德·格林菲尔德（Richard Greenfield）说，“很少有人能做到像他这样。”

2012 年，奈飞公司新增流媒体订户近 1 000 万。2013 年，它开始提供原创节目《纸牌屋》（*House of Cards*）和《女子监狱》（*Orange is the New Black*），以这种方式向用户提供更多的有价值的内容。这一年稍晚时候，奈飞公司季度收入首次超过 10 亿美元。2013 年年底，奈飞公司在全球各地的用户数量超过 4 000 万，其中流媒体客户约有 3 000 万。尽管 DVD 邮寄服务业务日渐衰退，奈飞公司的订户数量仍然超过了 HBO。

开放而无所畏惧

败中求胜，说的是如何渡过难关的问题。创新者在发展过程中，战胜挫折，进行调整。他们即兴发挥，重整结构，继续前进。对大多数人而言，我们还没有学会如何平稳地应对失败，不因失败耿耿于怀。创新者们迅速行动，高度关注接下来可能发生的事情。

即兴喜剧的表演没有剧本。他们时刻都要承担风险、适应变化。这些创新者的创业过程十分相似。在一个不断变化的环境中，创新者需要迅速做出反应，建立新的概念，尽管他并不知道这一概念是否会真的有效。

即兴喜剧的第一个规则就是，必须说出“是的……而且……”这样一段话。“每个演员首先需要同意并接受现实，就是这样。通过说‘是的’，他接受这个情境。但是，如果没有进一步的信息，这一幕戏不可能向前发展，因此，它必须借助‘而且’这个词进一步发展剧情。”

“是的……而且……”起源于一种开放而无所畏惧的心态。这样一种反应模式，为下一步行动铺平了道路。

可以看一个即兴喜剧的例子。一个演员开始讲故事，只需一两个句子，类似于对故事发展的前提条件做出概述。“听说昨天晚上你家房客被锁在了外面。”下一个演员接受这个前提，接着说：“是的！……而且，在她想办法进门的时候，自动喷淋装置把她浇成了落汤鸡。”“是的……原来她适合从狗门进去。”这样，会话就得以建立起来。通过“是的……而且……”这样一种结构，以演员演技为基础的故事就变得更有意思。

即兴演员必须接受预设前提，即使它不是特别好，他也要努力让它变得更好。好的即兴喜剧演员可以做到天衣无缝，把一个又一个的笑话连在一起。如果不太奏效，他们也不会纠结于那些笑料不足的部分，而是让故事继续展开。

THE CREATOR'S CODE
破解密码

对创新者而言，这样一种结构很有参考价值。接受现实的能力，以及在现实的情境中构建故事的能力，是成功的关键。无论是硅谷的程序员，还是对最新的运动服加以改善的前运动员，创新者必须拥有强大的动力和信心，积极回应业已发生的事情，并以此为基础寻求进一步发展。

“是的……而且……”这种思维方法是为了避免新的想法受到压制，避免害怕分享新的想法，即使这些想法本身存在疑问。如果创新者们走在正确的轨道上，他们会成功。如果不是，他们会提出新的更好的想法。通过敏捷而开放的思维，即兴喜剧演员和创新者满怀信心提出各种想法，他们知道其中一部分想法将会成功，也有一部分想法将难以为继。

即兴表演的真正价值在于，它允许创新者尝试新的想法而不必惧怕失败。敏捷的思维，需要一种在不忘记已经了解到的东西的情况下，迅速进入到下一个想法的能力。对新的观念，创新者抱有浓厚的兴趣，他们认识到其中的很多观念可能招致失败，就像即兴喜剧演员从一个笑话跳到另一个笑话一样，他知道不是所有的笑话都会让观众发笑。创新者愿意说出“是的……而且……”，这让他们自己对新的想法总是从善如流。这是一种败中求胜的方式。

视挫折为机遇

戴维·尼尔曼（David Neeleman）是捷蓝航空的联合创始人，成年之后，他才被诊断出患有注意力缺陷障碍（ADD）。童年时期，在学校学习的时候，他被认定是一个没有前途的人。性格孤僻而且与众不同，他没有能够在传统的轨道上取得成功，大学期间也中途辍学。这个艰难的开端可能足以挫败他最好的才华，但是尼尔曼积极进取，一次又一次取得成功。

在他的职业生涯中，尼尔曼先后创办过3个成功的航空公司，每一次失败都是一次开拓，而且每一次，尼尔曼都接近成功。在他23岁那年，他的第一个公司——一家旅游预订公司——在他提出破产申请之后失败了。尼尔曼再次尝试。9年之后，他把自己的莫里斯航空（Morris Air）卖给了西南航空（Southwest Airlines），他被他的指导老师、西南航空的赫伯特·凯莱赫（Herb Kelleher）解聘。他重整旗鼓。在第三次尝试中，作为捷蓝航空的联合创始人和首席执行官，2007年2月14日，暴风雪把捷蓝航空数以千计的乘客困在了机场，在所谓的“情人节大屠杀”之后，公司的董事会解雇了他。又一次，尼尔曼千方百计东山再起，创办了巴西当今发展最快的航空公司蔚蓝航空（Azul）——在葡萄牙语中，Azul是蓝色的意思。

“由于有注意力缺陷障碍，飞行让我感到抓狂，”尼尔曼说，“我还确切地记得，就是在我的办公室，捷蓝航空副总裁汤姆·安德森（Tom Anderson）走进来说，‘嘿，我拿到了佛罗里达一家公司的一本小册子，这家公司正在喷气式飞机上做电视直播，’我说，‘就是它了！’”尼尔曼天生的注意力缺陷障碍让他意识到，在飞行途中，为捷蓝航空的乘客提供额外的刺激，是一件很好的事情。他立即飞往佛罗里达，与对方达成协议。就这样，捷蓝航空涉足娱乐业。

1999年，为了“把人性关怀带回到航空旅行中”，尼尔曼筹集了1.25

亿美元创办捷蓝航空，这是航空史上最大的一笔投资。他淘汰了捷蓝航空飞机的头等舱座位，为的是给乘客更多的腿部空间；他安装了真皮座椅，成本翻了一倍多，但使用寿命也延长了一倍。他选择了空客公司制造的飞机，因为与之竞争的是波音公司的窄体飞机，由此获得的额外宽度，使得每位乘客的腿部空间增加了 5 厘米以上。他发誓永远不会超额预订，捷蓝航空不会超卖机票，尽管超卖机票是航空公司普遍做法。

作为著名的“捷蓝先生”，尼尔曼每周至少乘坐一次捷蓝航空公司的航班。他会走到过道分发小吃，征求反馈，航班着陆后他还会帮助清洁飞机，有时会和行李搬运工一起卸下行李。他会坐在最后一排，用实际行动证明取悦顾客比取悦首席执行官更为重要。这确实起到了作用。捷蓝航空腾飞了。这家航空公司在成立后的第三个季度就开始盈利，并于 2002 年成功上市。

2007 年，一场突如其来的暴风雪袭击了东海岸地区。冰雪天气造成航班无法起飞。然而，控制台要求飞机进入跑道。部分航班被迫滞留纽约机场 10 个小时。在接下来的 5 天时间里，大约 1 700 个航班被取消，13 万名旅客滞留机场，旅客被激怒了，航空公司组织管理的缺陷也暴露了出来。

尼尔曼试图引领公司渡过危机。他连续 3 天在航空公司的运营中心加班加点，每天只有两个小时的睡眠时间。他很快意识到：“我们当时已经无力回天”，“这就像要让一个已经变得又矮又胖的人再一次穿上最新流行的衣服一样。”他努力协调飞机、飞行员和乘客，但是进行正确决策的基础并不到位。“从星期四开始，到星期一的时候，我们的航班恢复了正常，但是伤害已经造成了。”尼尔曼承认。

捷蓝航空的声誉一落千丈。这个因为以客户为中心而戴上了光环的航空公司，变得暗淡无光。其他公司的航班在停机坪上滞留了同样的时间，但客户对捷蓝航空期望更高。

尼尔曼主动承担了责任。事件发生后的第一天，他接受了 27 家媒体的访谈——从一大早美国广播公司《今日》节目的采访，一直到晚上 11 点半哥伦比亚广播公司《晚间秀》节目的采访。他还通过 YouTube 向广大乘客进行了真诚的道歉，希望顾客继续信任捷蓝航空。他制订了“乘客权力清单”，承诺在给乘客造成不便的时候，向乘客发放旅行代金券。尼尔曼还起草了彻底检查公司运营问题的 22 点计划。他承诺改善捷蓝航空的预订系统，把承运人的运营控制人员规模扩大 3 倍，培训 1 300 名非机场员工在恶劣天气造成的紧急情况下予以协助，并承诺采取其他一些应急措施。

“这没能保住我的工作，但捷蓝航空的业务迅速反弹，我们对顾客所做的一切，全都做对了。”尼尔曼告诉我。3 个月后，捷蓝航空的董事会唐突无礼地免去了尼尔曼的职务。毫无疑问，捷蓝航空需要一个能够更好地控制营运的首席执行官。“而就在几个月前，我获得了我在捷蓝航空期间，所获得的对首席执行官的最高评价。”尼尔曼说。

谁也不会让草在自己的脚底下长起来，尼尔曼决计卷土重来。“我 2007 年 5 月离开捷蓝航空，12 月，我们的蔚蓝航空就推出了自己的第一个航班。”尼尔曼回忆道。他把捷蓝航空的运营模式出口到巴西，发誓这一次做得更好。没有理由干等下去。

创新者的成功很大一部分是革新和前瞻的能力。“专心致志于其他一些东西，一些对巴西来说了不起的事情，也是很好的，”尼尔曼说，“我也认为，大概有一些不服输的精神在起作用。我正驾驭着蔚蓝航空，取得比捷蓝航空更高的市场覆盖率，它会成为一家更优秀的航空公司。我们要和那些航空巨头并肩站在一起，让他们看看，无论哪一方面，我们都做得更好。”

创新者不会把精力花费在过去的失败中。他们吸取教训，向前看。“真正重要的不是生活中发生了什么；而是你如何处理它，”尼尔曼说，“你得继续前进。今年，我在巴西的员工有 1 万多名，巴西客户有 2 500 多万名，对于捷蓝航空董事会的行为他们都感到兴奋。如果他们能做到的话，他们都会给捷蓝航空董事会寄去感谢信。”

在我的研究中，**创新者们认为，挫折——学习障碍、家庭损失、专业死角以及财务打击，使他们找到了解决问题的替代性方法。**

赛格威电动平衡车的发明者狄恩·卡门一直没能大学毕业。“我一直没有取得学位，但我不认为自己没有受过教育。”卡门说。赛格威刚刚面世的时候，被认为是一个彻底的失败，是一个专业领域的耻辱。“如果你真的想在一个迄今为止还没有人做成的事情上取得成功，你一定得从失败中获得收益，”卡门解释说，“你必须坦然接受失败，不让它影响你的智力或情绪。在你热爱的事物上，你必须努力工作，永不放弃。”

创新者说
THE CREATOR'S CODE

如果你真的想在一个迄今为止还没有人做成的事情上取得成功，你一定得从失败中获得收益。你必须坦然接受失败，不让它影响你的智力或情绪。在你热爱的事物上，你必须努力工作，永不放弃。

狄恩·卡门，赛格威电动平衡车发明者

加文·纽森（Gavin Newsom）是 PlumpJack Group 的创始人，现任加利福尼亚州副州长。他描述了他以传统方式刻苦学习的情景：“由于患有读写障碍症，在学校里我没法取得成功，所以我必须找到自己擅长的东西——创业和政治。我可以以另一种方式超越他人。”

THE CREATOR'S CODE
破解密码

这些企业家将成功归因于战胜挫折的能力以及坚韧不拔的精神，这类创新者的名单可以列得很长。创新者用他们自己的策略和方式解决问题，他们用即兴发挥的解决方案战胜自己的弱点。

斯坦福大学心理学教授卡罗尔·德韦克（Carol Dweck）的研究显示，个体能够在逆境中获得成长。她的研究表明，在考虑自己能力的时候，通常有两种思维方法，每个人都会倾向于其中一种。拥有“固定心态”的人们，相信智力和能力是一成不变的，我们都有与生俱来的天赋和一成不变的特性。而另一方面，拥有“成长心态”的人们，则相信通过努力，智力和能力是可以成长的，因此，我们能够利用激情来提升能力。创新者培养成长心态。

“面对一个任务，固定心态的人会问‘我很快就能得心应手吗？’”德韦克这样解释，当时我们正在她斯坦福的办公室里，“而那些具有成长心态的人则会问，‘嗯，我能学着做一下吗？’”固定心态导致个人过分关注社会认可，认可的方式包括分数、头衔、地位和承认等。他们变得越发地害怕犯错误，因为挫折会玷污自己的声誉。吸引他们的，都是各种各样验证自己能力的活动。相反，成长心态的人把挫折看作是成长的机会。他们不是停留在自己的舒适区域，而是寻求那些能提高自己的能力和胆量的活动，他们相信，在尝试新的东西的过程中，自己的潜能能够得到充分成长。

“这不只是一个或有或没有的问题。”她说。一个人的心态会受到能力水平和努力程度的影响，在她看来，这两样东西都非常重要。德韦克在纽约市的 400 名五年级学生中进行了一项大型研究，学生们收到一套拼图，并分成两组游戏。一组人的能力水平受到称赞，“哇，这么多的问题你都做对了。这个成绩真的很好。你一定很聪明。你很擅长这个。”而另一组人的努力程度受到赞扬：“你一定非常努力了。”在随后一轮的拼图活动中，学生们可以自己选择一个更容易或更困难的挑战。实验表明，那些被夸奖很聪明的学生多数选择了更容易的任务，而那些被赞扬很努力的学生中，90% 的人选择了更具有挑战性的任务。

在接下来的比赛中，实验人员要求学生完成那些他们不能够完成得很好的更困难的拼图。随后，告知这些学生，他们的表现糟透了，并观察他们的反应。被夸奖聪明的那些学生信心动摇。他们拒绝把这些问题带回家里去解决，40% 的人甚至为了提高分数而谎报成绩。这些学生认为，失败令人尴尬，需要尽量避免。而被赞扬很努力的那些学生说，他们喜欢更艰巨的任务，尽管很费脑筋。他们比那些被夸奖聪明的学生表现得更好，他们选择继续把这些拼图带回家里去完成。

THE CREATOR'S CODE
破解密码

德韦克的研究表明，我们可以在挫败中获得成长，对工作努力的赞扬可以对我们产生激励作用，而对能力水平的赞扬只能削弱我们坚持不懈的精神。个体应该学会把挫折视为机遇，从中获得更多的信息，再重新开始。创新者精通于此。他们把错误重新打造成成长的机遇，而不是视其为失败的陷阱。他们提醒自己把握逆境，直面挫折，百折不回。创新者知道自己可以变得更聪明，学到新事物，并且超越弱点，他们锻炼自己快速恢复的能力。

最大的失败是拒绝尝试

你在花时间追求你自己最好的想法吗？如果你的工作突然中止，会有人想念你做出的贡献吗？

创建突破性的企业绝非易事。我所采访过的几乎每一个创新者，都描述说这样一个时刻是多么的不舒服，充满恐惧，必须下决心才能坚持下去。许多人向我讲述了他们当时如何面临绝境，背水一战，又如何战胜似乎不可逾越的逆境，奋力向前的故事。

1999 年，亚历山大·艾希利（Alexander Asseily）和侯赛因·拉赫曼创立了一个名为 Aliph 的消费品科技公司，这个公司后来更名为捷波朗，业务是开发创新型降噪蓝牙耳机，而直到 2007 年它才面市。“总的来说，那些年我们的经历如同过山车，有一件事，让我坚定了继续前行的信心，”艾希利说，“我认识到，如果我不坚持，我深信我所看到的景象别人会去证明，而我会后悔，永远永远。”

在艾希利的描述中，2005 年和 2006 年是捷波朗的“核冬天”，为了推出创业公司期待已久的初始产品，他们努力解决了一个又一个的问题。“我知道这将是痛苦的几年。我们也是被逼无奈，所以非常非常专注。”他说。艾希利在一家中国工厂进行生产，测试成千上万台耳机的音质，有几个星期的时间他每天只吃炒饭。最后，尽管捷波朗无法按时支付制造厂商的费用，第一批出货依然有 1 万台。但当耳机到达美国东海岸的时候，他们却找不到仓库。巧合的是，几个星期之前，在香港的渡轮上，艾希利曾遇到一家分销公司的首席执行官。艾希利发了一条短信给他，请求帮助他把货物储存在在马里兰州的仓库。这位首席执行官回答：没有问题。

“我想，当你进入‘无论如何，我也要坚持下去’这种模式的时候，就可能发生某种事情，”艾希利告诉我，“会有各种各样的事情接踵而来，促使奇迹发生。不只是这一次。”

THE CREATOR'S CODE
破解密码

当情境提出要求的时候，创新者有能力右转、左转、掉头，或者重新开始。失败并不有趣，也并不轻松，但绝大多数的失败都是可以克服的。最大的失败就是拒绝尝试。

THE CREATOR'S CODE

05

创建公共空间，培育快闪团队

技能 5：网络思维

*****

善用认知多样性

人人所见不同，胜过人人所见略同

“快闪团队”，未来的工作方式

将工作游戏化

独自一人，我们能做的很少；大家一起，我们可以做的很多。

——海伦·凯勒[1]

① 美国聋盲人女作家、教育家、慈善家和社会活动家，代表作《假如给我三天光明》。——译者注

2011 年 11 月，捷波朗推出了健康追踪手环 UP，它的宽度约 1.25 厘米，橡胶材质。这是第一款内置电脑芯片的手环，体积精巧、外形美观，并且具有多种功能。UP 手环能够测量从睡眠状况到卡路里燃烧情况的一切人体活动，开发者承诺它有助于改善佩戴者的健康。UP 手环有望成为用户生活的一部分，用户可以每天 24 小时佩戴它。该产品一经上市，立即引起轰动，迅速热卖。

然而，仅仅在产品上市 3 个星期以后，客户就反映，UP 手环存在充电障碍和同步问题。在某些情况下，它还会自动关闭。

捷波朗并没有止损和下架产品，恰恰相反，公司创始人侯赛因·拉赫曼和亚历山大·艾希利竭力寻找解决方案。

作为首席执行官，拉赫曼承认公司网站上公布的那些问题是存在的，并承诺为客户提供无条件全额退款。“我们很看重这一产品，你可以选择免费使用。”他写道。客户可以选择要求退款但不退货。就这样，捷波朗在客户中间建立起了声誉。他们让客户免费使用产品，并邀请客户反馈意见。

接着，拉赫曼成立了应急工作小组，把工程、制造、设计、数据分析、营销和客户服务领域的专家聚在一起，查找问题，重新设计产品。他们在墙上贴满了流程图和产品设计图，研究每一种可能，分析潜在问题。由于UP手环有很多不同寻常的功能，因此，任务非常艰巨。

在接下来的12个月里，为了改善产品性能，捷波朗耗费了16 000个工时，经历了200次硬件设计，46周的用户实验和290万小时的真实用户测试。UP手环的每个组件，包括其电容结构，都被进行了分析。2012年12月，UP手环重装上阵，取得了突破性成功，并迅速赶超竞争对手FuelBand和Fitbit①。

在严峻的局势下，捷波朗公司创始人成功打造了公司最出色的产品，他们是如何做到的呢？

他们运用了网络思维，汇聚了智慧。

善用认知多样性

在思考问题的方式、提出问题的视角、克服困难的方法等方面，人与人之间都存在差异，正因为如此，一旦人们协同合作，就可能取得突破性的成果。创新者善于运用网络思维，汲取各家之长。这样的举措成效显著，可以提供新的解决方案。

我们每个人都按照自己的方式组织信息。当我们依靠自己的知识去解决问题的时候，心理学家称之为“本地搜索”。我们根据自己的经验，制定解决方案。面对问题的时候，我们很少偏离过去的方法。文化人类学家把这种现象称为信息组织的“分类堆放”。对于数据，我们同样也分门别类，

① FuelBand和Fitbit分别是耐克公司和Fitbit推出的智能健康手环。——译者注

按照我们自己独特的方式进行分类堆放。

THE CREATOR'S CODE
破解密码

创新者们彼此沟通，取长补短，克服局限。他们把各种类型的思想者组织起来，充分利用认知多样性。我们通常所说的多样性，包括人种、种族、年龄、性别或社会经济地位等。但是，认知多样性，指的是我们头脑中存在的东西：我们如何解释情境、分类信息、预想一系列的可能性，等等。

我们可以举一个激动人心的例子。第二次世界大战期间，英国情报机构组建了著名的布莱切利公园（Bletchley Park）[①]密码破译小组，它的任务就是破译所谓的纳粹恩尼格玛密码（Nazi Enigma code）。小组成员来自盟军各国：英国人、美国人、波兰人、澳大利亚人，等等。这些人各自具有不同的技能，他们秘密聚集在布莱切利园——位于伦敦西北约 80 公里的 40 个房间中，他们的工作，我们今天称之为终极“编程马拉松”（hack-a-thon）。为了及时掌握德国军队的行动和军事情报，语言专家、军事战略家、数学家、工程师、密码专家、历史学家、哲学家、古典学者，甚至填字游戏发烧友都加入其中，废寝忘食地破译加密信息。他们的成功对于遏制和逆转德国军队在欧洲和北非战场的前进步伐，起到了至关重要的作用。用温斯顿·丘吉尔的话来说，“这些鹅下的都是金蛋”。

在布莱切利公园，运用网络思维，群策群力，正是当务之急：他们的

① 又称 X 电台（Station X），是一座位于英格兰米尔顿·凯恩斯（Milton Keynes）布莱切利镇内的宅院。第二次世界大战期间，英国政府曾经在这个地方破译德国的密码和密码文件。——译者注

努力挽救了成千上万人的生命。各种各样的事业，都越来越需要这种能力。**研究表明，一个管理团队研究问题的角度越是宽广，就越具有创新能力。**经验各异的工程师团队，能够表现出更卓越的成就；多样性的董事会，能够做出更好的决策。

创新者磨炼能力，将看似不可能的盟友组织起来，打破行业标准，以激进的方式解决问题。为了挫败恐怖分子网络，Palantir Technologies 的创始人彼得·蒂尔、亚历克斯·卡普、乔·朗斯代尔、史蒂芬·科恩和内森·格廷斯把硅谷最优秀的软件工程师和来自不同政府情报机构的分析师组成团队，开发软件工具以标记和破译以前难以理解的信息。为了研制可重复使用的火箭，SpaceX 公司的埃隆·马斯克广泛汲取智慧，从美国国家航空航天局的工程师、热物理学家、导航软件程序员，直到商务经理都召集起来。在 DEKA 研发中心，狄恩·卡门管理着一个跨学科的实验室，实验室有 400 多名来自不同学科的工程师、科学家和医疗专家，他们发明了赛格威电动平衡车、Slingshot 便携式水净化系统和 iBot 轮椅。

遇到问题的时候，我们不知道要去什么地方寻找答案。我们在经验、教育、性格和其他特质上的差异，有助于团队从多个角度制订解决方案。

即使是最优秀、最聪明的头脑仍然依赖于网络思维，集思广益。最近几年，诺贝尔奖越来越多地授予光荣的团队，而不是科学家个人。例如，从 2004 年到 2013 年，在这 10 年颁发的诺贝尔化学奖中，有 7 年都授予了两位或三位科学家，10 年总共获奖人数达 23 人；而从 1901 年到 1910 年，每年只有一位科学家获奖。诺贝尔奖规定每个奖项的获奖人数必须不超过 3 人，而现在一些批评家想要重新审视这一规则。例如，2011 年的诺贝尔物理学奖，授予了 3 位天文学家，他们分属于两个团队，这两个团队都发现了宇宙正在加速膨胀这一事实。这个结论是数百位科学家共同努力的结果。“如果是在欧洲核子研究组织（CERN），3 000 人分工协作取得了重要的发现，那我们该把奖颁给谁？”在谈到瑞士的 CERN 时，诺贝尔奖物理学委员会秘书拉尔斯·伯格斯托姆（Lars BergströM）提出了这样的问题。

THE CREATOR'S CODE
破解密码

千里走单骑的天才时代已经结束。今天的问题如此错综复杂，远不是一个人就可以解决的，没有哪一个人可以综合我们身边所有的信息。无论是开发一项技术，还是创办一个有机食品公司或者服装企业，创新者都要运用网络思维，集思广益，设计解决方案。他们举办论坛，融合形形色色的思想，从而充分利用认知多样性。为此，他们创建公共空间，培育快闪团队，举办有奖竞赛，利用游戏机制，以创造性的方式解决问题。

创建公共空间，将不同学科结合在一起

“如果你找到了把不同学科结合在一起的独特方式，你就为人们打开了新的经验之门，”拉赫曼说，“你会解决人们甚至未曾发现的问题，开发的产品也将是生活中必不可少的。”

侯赛因·拉赫曼和亚历山大·艾希利 1999 年创办了开发人工智能软件的公司。之后，他们改变了方向，开发降噪软件，并把它应用于耳机中。“我们不是信号处理员，但我们找到了正确的科学家，我们知道怎么进行整合。”拉赫曼说。捷波朗蓝牙耳机成为移动音频处理领域 30 年来的最大

突破。接着，2011 年，他们成功研制了 JAMBOX，这是一种将音频技术与智能手机的音乐播放器整合在一起的无线扬声器，它改变了市场格局。通过 UP 手环，捷波朗创始人有了一个不同的主张——设计一款可穿戴的健康追踪设备，它能够给人们带来便捷的移动生活方式，而不会看起来像“极客件”（geekware）①。整合软硬件，开发出功能复杂、使用简单、外观时尚，让人爱不释手的技术，要想具备这种能力，需要创造一个人们可以在其中取长补短、集思广益的公共空间。

“苹果创造了一个时代的尖端产品，我们紧随其后，”当我在旧金山设计区捷波朗总部见到他的时候，拉赫曼说，“将设计与工程相结合，是很困难的一件事。很花钱，也很耗费时间。”

硬件设计师一般不太考虑迭代问题。他们使用昂贵的材料，产品开发周期可能需要数年之久。在产品正式推向市场之前，如何才能做到完美无瑕，这才是他们所关心的问题。相比之下，软件设计师把产品推向世界，看反应，听反馈，然后迅速对原型加以完善。Fuseproject 设计机构创始人、首席创意官伊夫·贝哈（Yves Béhar）和他的团队致力于开发外形漂亮、手感自然、直观易用的设备。“在这个过程中，要经历大量的否定和修正，规划好每一个产品的每一个部分，识别摩擦点，并想办法加以解决。”拉赫曼解释道。

捷波朗的产品把复杂的硬件和简单易用的软件结合了起来。能够同时做好硬件设备的研发和软件程序的设计这两件事情的技术公司非常少见，尤其是初创企业，但捷波朗已经取得了巨大成功。

① 极客是美国俚语“geek”的音译。随着互联网文化的兴起，这个词被用于形容对计算机和网络技术有狂热兴趣并投入大量时间钻研的人。这里说的“极客件”是指那些功能复杂，一般的用户掌握起来有困难的数码产品。——译者注

UP 手环采用先进的运动传感器来追踪细微活动，分析睡眠状况；然后在最佳时间通过震动来唤醒用户。它可以测量运动强度，也允许用户通过扫描条形码或搜索营养信息数据库来跟踪食品的选择。UP 手环通过 iOS 应用程序界面提供了一个可视化的活动跟踪报告，它还整合了社交功能，使用户可以在朋友之间比较健康数据。

可穿戴设备大大提升了设计和工艺的复杂性，要求设计师必须考虑顾客整体的消费体验。人们知道，智能手机掉落在地上，可能会损坏；他们没有考虑到，硬物的撞击可能对手环造成威胁。

“我们手环的主要部分是一条可弯曲的橡胶带，橡胶带内置一个差不多和手环等长的电脑芯片，”艾希利说，“这样的东西确实是我们的首创，但是我们低估了人们的使用方式可能对手环造成的损伤，没有料到电路板可能会被扭曲。而且，如果戴着它洗碗，热水和洗涤剂可能会渗入手环的孔隙和内部的组件。”

在投放市场之前，捷波朗对 UP 手环进行了集中测试，但对于它可能承受的压力，公司缺乏充分的考虑：在陪孩子玩耍的时候，孩子们会使劲地拉扯父母的手环；吃喝玩乐的时候，用户可能会把威士忌洒在手环上，一晚上也没顾上去清理；热水和洗发香波的混合液穿过手环防水封印的时候，充电电路上电容的一个小小的问题可能导致电池无法充电。

为了解决这些问题，捷波朗进行了广泛的调研，这个调研被他们自己称作是“可以想见的一次最大的人类学研究”。“我们通过众包[①]的方式，充分激发了人们的诚信行为，”艾希利说，“有一大批人乐意佩戴这个略有

① 按照提出这一概念的美国记者杰夫·豪（Jeff Howe）的定义，“众包”是一个公司或机构把过去由员工执行的工作任务，以自由自愿的形式外包给非特定的（而且通常是大型的）大众网络的做法。——译者注

瑕疵的产品，并向我们提供反馈意见，帮助我们做得更好。”参与公开测试的人员，总计佩戴设备时间近300万个小时。所有公司都会测试产品，但捷波朗是以如此大规模的用户反馈为基础，运用网络思维，集思广益，设计出真正的可穿戴设备。

为改进UP手环，公司开发了新的成型工艺，设计了围绕内部电路的保护层，并且通过对电子元器件的重新布局，使得手环内部更具柔韧性。为了减少手环与衣物的摩擦，防止手环与手镯等其他物品相互牵绊，手环采用黏合剂进行了防护处理。智能手机应用软件的大量功能也进行了更新。捷波朗的经验，证明了网络思维的价值。

“从Massive Health公司和Visere设计公司引进的卓越人才，将会帮助我们开发既简单又漂亮的应用软件，研制世界上整合性最好的硬件、软件和数据平台。”拉赫曼说这话的时候，捷波朗刚刚并购了这两家软件公司，以提升自己的饮食与健康跟踪技术水平。2013年，捷波朗进一步并购了BodyMedia公司，这家公司通过人体传感器采集人体健康数据，这些数据可以应用于医院的临床试验。“在多传感器领域，我们得到了一个世界级的团队。”拉赫曼说。

“这是计算的未来，”拉赫曼宣称，“计算机从你的办公桌的大小，发展到只有你的手包那么大，然后装进你的口袋，戴上你的手腕。下一步，这些东西都会携带传感器，同你的恒温器进行对话，告诉它你是冷还是热。”事实上，我们见面后不久，捷波朗就宣布与Nest公司建立了合作伙伴关系，这家智能家居公司将它的设备与恒温器联系在了一起。

技术将会继续变化，而推动技术进步的手段却始终如一：运用网络思维。

协作者的跨学科创新实践

多学科团队运用多样化的技术平台开展工作，这是未来工作的发展趋势。创新者们深谙此道，他们设计出物理空间和虚拟空间，让人们从彼此的观点中相互借鉴、取长补短。

在斯坦福大学哈索·普拉特纳设计研究院（Hasso Plattner），也就是著名的斯坦福设计学院，“激进的协作”找到了自己的家。“以前从来没有过这样的事情，歌剧演员同人类学家，或者地质学家同物理学家一起处在一个团队。”斯坦福设计学院创始人、IDEO 设计公司的创始人戴维·凯利说。

斯坦福设计学院把自己设想为一个“学校的十字路口”或“交通枢纽”，它允许形形色色的学生进行跨学科的创新实践。这个学院不授予学位，但课程总是被一抢而光。对学术界来说，他们可能有些特立独行，斯坦福设计学院培养学生的是通过协作方式解决问题的能力。

“我们所做的是团队游戏，”凯利告诉我，“你会注意到，在这里，所有的垂直空间都是可以书写的。”他指向满是涂鸦的白板，邀请大家贡献自己的想法；他还向我介绍了学生们的学习方式，他们如何收集数据，建造原型，确定什么奏效，然后重新开始。“在一个团队游戏中，你必须两只手臂都动起来，因为你不得不同时向三四个人展示你的成果。”凯利说。

斯坦福设计学院所有的一切都安有轮子，并且可以在大约 15 分钟的时间里拆卸并重新装配。白板安装在 Z 形支架上，可以自由移动以创建共享空间。斯坦福设计学院允许团队自由绘制自己的想法，每个团队都可以移动墙壁，使用桁架体系来安放可滑动的面板，以便创建能够满足某种特定需求的工作室。在两个小时的课堂上，同一个空间可以被重新配置成不同的单位，用以演讲、放映、报告、访谈和制作原型。空间布局的变化有助于提升运用网络智慧的能力。

在学院的墙壁上，到处可以看到学生们画上去的各种示意图，贴上去的各种彩色便签。在一个原型制作实验室，工程师、商学院学生、诗人和医生把不同的卡纸黏合在一起，共同商议如何提高机场安全检查的效率，他们创建了一个模拟产品。这些步骤是“设计思维”一般流程的粗略轮廓，这种设计思维主要依靠协作和反馈来形成解决方案。

“我毕生的工作就是让不同背景的人能够相互启发，取长补短。”凯利说。他坐在一张高凳子上，在他的周围堆放着塑料原型、一些绿色椅子和一张亮红色长沙发。

凯利是个光头，蓄着浓密的黑胡子，戴着厚重的黑色眼镜，长像颇像格劳乔·马克斯（Groucho Marx）①，只不过他不抽烟。凯利谦逊随和，通常身穿牛仔裤和法兰绒衬衫，脚踩一双有彩色花边的黑色网球鞋。人们可能把他误认为是一个古怪的教授，而不会想到，他是世界上最前沿的产品设计师。

凯利生长在俄亥俄州代顿市（Dayton）一个轮胎制造商的家庭。那时候他对设计完全没有接触过，但他常常修修补补。他“改进”了家里的洗衣机，尽管它没再洗过任何一件衣物。他拆卸了钢琴，他的母亲仍然给他弄来一些零部件，希望他能设法把它重新装配起来。作为一个训练有素的工程师，他曾在波音公司工作，分析波音 747 飞机的照明系统，后来又就

① 20 世纪中期美国著名电影演员。——译者注

职于 NCR 公司（National Cash Register），负责电路板的设计工作。

1978 年，凯利和迪恩·霍维（Dean Hovey）一起，在加利福尼亚州帕洛阿尔托市的一家服装店楼上，以每月 90 美元的租金租用了一个办公室。就是在这个地方，他们创办了一个毫无经验的公司，这个公司后来陆续研发了耐克环绕式太阳镜、电影《人鱼的童话》（*Free Willy*）中的机械鲸鱼、儿童钓竿以及最具创新性的最初的苹果电脑鼠标。今天，这家公司被称为 IDEO。

作为如此多的创意产品的创新者，凯利懂得借助他人的智慧谋求自身发展。“如果你只是谈论一个想法，没有人会帮助你，”他说，“但在你把一个原型拿进房间的那一刻，每个人都准备好要向你提出意见，他们能帮助你建造、建造、再建造。”在斯坦福设计学院，学生们会最大程度地吸收这些奇思妙想。他们把便签粘在一起，用小品表演过程或制作视频来结合各方观点。**原型本身固然重要，但利用各色人等集体智慧的能力，则更为重要。**

“你不需要为所有的东西制作原型，”凯利告诉我，“只需要为不太可信的那一部分制作即可。所以，如果我说我有一台机器，它能在地板上移动，还能把你抬升起来，那么，能在地板上移动这一部分我没有必要制作原型，但能抬升这一部分，我或许应该证明一下。”原型可以帮助创新者收集反馈，并对产品加以完善。反馈的人群则应该形形色色：有使用他的人，也有讨厌它的人，有了解它的专家，也有胡乱鼓捣的新手。

创新者说
THE CREATOR'S CODE

如果你只是谈论一个想法，没有人会帮助你，但在你把一个原型拿进房间的那一刻，每个人都准备好要向你提出意见，他们能帮助你建造、建造、再建造。

戴维·凯利，IDEO 设计公司创始人

THE CREATOR'S CODE
破解密码

创新者相信，每个人都有可资借鉴的地方。社会学家的观察同工程师的投入同样重要。尊重每一个声音，这是必不可少的；对他人的观点保持开放态度至关重要。

“有时候，因为文化差异，你会具备一种洞察力。在日本，你可以在任何地方停车，把加油枪从头顶拉下来。但在我们的文化体系中不是这样！我们必须把车靠近路边。我不会想到头顶上的事情，”他挥舞双臂，好像在拉加油枪，“但日本人会这样！”

为了创建一个对各色人等都具有吸引力的公共空间，斯坦福设计学院的教师们“全力消除教授和学生之间的地位差别”。每门课程都有 3 位教授讲授，学生来自斯坦福大学的 7 个研究生学院。他们谈话的内容丰富多彩，这有助于创建一种人人平等的氛围。

“创新来自空间，”当我们走过学校的车库入口的时候，斯坦福设计学院联合创始人、全球总监乔治·肯布尔（George Kembel）这样说。在肯布尔看来，创造性能够像音乐一样流动。只有在合适的地点，音乐才能和现场的观众产生共鸣。例如，在体育场中吟唱格里高利圣歌，会使歌曲黯然失色；在教堂中表演嘻哈音乐，会让人感到格格不入；然而，酒吧的氛围对布鲁斯乐队和独立摇滚乐队来说则相当完美。为了帮助人们解决问题，同样的逻辑也可以运用于空间设计。

空间设计可以激发行动。斯坦福设计学院努力营造一种文化，鼓励学生去尝试并检验他们自己的想法。“我们有意将座位设计得不那么舒适，”肯布尔说，“我们不希望学生被困在椅子上。”这一点，和自 1968 年办公室隔间诞生以来的典型公司办公环境截然相反。

“创新来自空间，如果空间不讲究，人们可以突破它，”肯布尔说，“如果过于讲究，人们就不会有归属感，在进行改变的时候，也会有心理负担。”斯坦福设计学院创始于斯坦福校园的一个拖车中，在开始的 6 年中，他们搬了 3 次家。这让斯坦福设计学院的创始人认识到，未完成的空间是如何激发工作状态的。

THE CREATOR'S CODE
破解密码

明确任务过程是有效运用网络思维的要素之一。学习协同工作，需要特别关注人际互动。如果当一个人正在进行选择时，另一个人想要优先处理反馈，而第三个人试图把重点放在团队建设，第四个人急于做出结论，团队则可能会解体。团队应当选择一个特定时刻明确团队任务，使不同的思想相互协调。“现在我们先进行选择，再进行实验，然后我们集中力量形成决策。”在不同的时刻，团队成员都可以发挥各自的优势，而不是在整个过程中听从一个选定的领导者。

跨职能团队的神奇魔力

在斯坦福设计学院之中，已经诞生了几个蓬勃发展的企业。2010 年电气工程专业研究生阿克沙伊·科塔里（Akshay Kothari）和计算机科学专业研究生安吉特·古普塔（Ankit Gupta）

创新者说
THE CREATOR'S CODE

创新来自空间，如果空间不讲究，人们可以突破它。如果过于讲究，人们就不会有归属感，在进行改变的时候，也会有心理负担。

乔治·肯布尔，斯坦福设计学院创始人

以斯坦福设计学院的一个课程项目为基础，创办了每日新闻推送应用。虽然他们屡遭挫折，但仍然保持着对新闻的执着。他们观察到，人们在使用谷歌阅读器（Google Reader）的时候心里发慌、备感压力，因为刚一打开它，就会看到诸如这样的信息，“自从你上次登录以来，你已经错过了 1 000 条新闻”。在为期 10 周的一门课程中，他们着手开发了一种 iPad 应用程序，这种程序让人轻松捕捉新闻标题关键字，并自由浏览新闻内容。

科塔里和古普塔，这两个自称“极客”的家伙性格都比较内向，他们的测试工作起步于帕洛阿尔托的一间咖啡馆。通过咖啡馆里那些一边喝着咖啡一边浏览新闻的顾客，他们对新闻推送应用程序的早期版本进行了测试。当时 iPad 刚刚上市，为了获得有价值的信息，科塔里和古普塔常常用它来吸引过往的路人，这让人们感到很新奇。每天早上九点一到，他们就同每天阅读新闻的读者进行互动，以便了解在使用这个应用程序的时候，他们遇到了什么问题。这两位创新者注意到，读者有时候无法找到自己想要的东西，关闭一篇文章也会有困难，或者在想要浏览其他标题的时候会遇到障碍。为了修正一个按钮、颜色或者显示问题，他们每天要进行成百上千次的调整。在科塔里和古普塔对应用程序的原型进行完善之后，他们再次走进咖啡馆，请咖啡馆的老主顾们指出其中的瑕疵。“有两个星期的时间，我们每天要去听人们讲‘这看起来太糟糕了’，还会被问‘这是预装在 iPad 中的应用程序吗？’”科塔里说。脉搏新闻（Pulse News）就是这样产生的，这是一种聚合新闻的应用程序，它的内容来源广泛，从《从华尔街日报》、《赫芬顿邮报》到娱乐体育节目电视网、英国广播公司新闻和《时代周刊》。

几个星期以后，在苹果全球开发者大会的重要环节，史蒂夫·乔布斯出人意料地预告了脉搏新闻的到来。自此之后，已经有超过 3 000 万人下载了脉搏新闻。正是这种利用咖啡馆的常客的智慧研发产品的能力，使得像科塔里和古普塔这样的创新者，能够设计出适应读者需要的应用程序。“我们一直很幸运有这个机会，”科塔里告诉我。“对我而言，能为我远在印度的爷爷奶奶研发出某种东西，真的难能可贵。他们从来没有用过电脑，而现在他们每天在 iPad 上阅读本地新闻和国际新闻。”2013 年，科塔里和古普塔以 9 000 万美元的价格把脉搏新闻出售给了 LinkedIn。

道格·迪茨（Doug Dietz）是通用电气医疗保健公司核磁共振成像设备公司总经理，曾在斯坦福设计学院参与过一个管理教育项目，他也获得了运用网络思维的能力。迪茨因为设计了通用电气的扫描设备，赢得了工业设计领域的多个奖项。一次，在去往医院观察他所设计机器运行情况时，他偶遇一位 7 岁女孩和她焦虑的母亲，她们正准备去应约做检查。当母女二人拐过医院的转角时，女孩看到了核磁共振仪，她开始大哭大叫起来。

迪茨意识到，过去几年，在他设计这些机器的时候，从来没有问过这样的问题，“对孩子而言，这会是一种什么样的体验？”驱车回家的路上，迪茨心情沮丧。“我这才意识到自己的失职。”他坦言。虽然他建造了这个功能强大的医疗设备，但受益人不过是技术人员和医生而已。迪茨认为，在设计这台设备的时候，设计者一定得为病人着想，尤其是那些可能躺在里面的儿童。

迪茨召集了来自密尔沃基（Milwaukee）贝蒂·布林儿童博物馆（Betty Brinn Children's Museum）的儿童生活专家和来自匹兹堡大学医疗中心附属的匹兹堡儿童医院的儿科专家，以及护士、技师、放射科医生、当地一家日托中心的负责人，还有通用公司的工程和制造设计师，帮助他探讨如何改善儿童体验。在孩子们谈论夏令营、像大姐姐一样打扮、梦到火箭飞船太空等诸如此类事情的时候，他都认真地倾听了。这让迪茨意识到，他的工作不只是设计一个核磁共振仪，而是要把医疗设备变成孩子们设计的一次探险。

“我把这个疯狂的跨职能团队拉到了一起，这让我发现了‘冒险系列’的一些不可思议的魔力，”迪茨说，“为了更清楚地看到这一点，并真的让它发挥作用，我必须让更多的人参与进来。”

他用五颜六色的贴纸覆盖住核磁共振仪，建议孩子们去玩太空旅行或者丛林旅行的游戏，他也将扫描室设计成相关的主题，并且用音乐为孩子们创造出一个友善的环境。在对他们进行核磁共振检查之前，孩子们会收到一大包有关外出野营的漫画书，接着会有“野营辅导员”而不是护士去迎接他们。迪茨制作了 9 个不同的主题，每一种主题都使得这个扫描的过程更像是一次探险。

在过去，进入通用电气公司原有的核磁共振成像扫描仪接受扫描的孩子中有 80%，包括迪茨第一次遇到的那个女孩，都不得不服用镇静剂。但自从公司使用了迪茨重新设计的“冒险系列”扫描仪，需要服用镇静剂的儿童比例几乎降到了零。病人的满意度增加了 90%，效率提高了 70%。由于重新设计了扫描仪，父母、孩子和医务人员能够专注于重要的健康问题，人们的压力得到减轻，而结果也更加乐观。迪茨甚至无意中听到一个小女孩问她的母亲，“明天我们还能回来吗？”

人人所见不同，胜过人人所见略同

我们知道，不同文化、性别和专业背景的人具有不同的视角，这有助于解开问题的答案。当我们在一个计算机科学家的小组里加入一个人类学家，或者在一个由挪威人组成的小组中加入一个中国人的时候，这些外来的人将会提出意想不到的观点。无论如何，网络思维能带来的好处常常违反直觉。这个令人惊异的事实是，**和那些“与我们不一样的人”一起工作，能够改善我们自己的表现。**

在多样化的环境中，我们对产生不寻常的信息翘首以待，因此我们更有可能积极表达自己独特的观点。“人们并不相互克隆，”哥伦比亚大学商学院领导力与伦理研究中心教授凯瑟琳·菲利普斯（Katherine Phillips）说，“我们每个人都有观点上的差异，异质的群体有助于新知识的产生。”

THE CREATOR'S CODE
破解密码

菲利普斯的研究表明，通过加入多样化的思想，我们对信息变得更加敏锐，能够更加开放地评价自己的设想，更加协调地解决问题。网络思维让我们将各种期待放到一边，激发自己重新无拘无束地看待事物。突破性的洞见，不仅能够从群组当中那些“新加入的”或者“与我们不同的”人们当中产生，而且能够在这样一些人当中产生——这些人和我们看到相同的事物，但会从一个不同的有利位置去接近事物本质，他们将真实地表达观点，否则他们宁可不说。

在那些人人所见略同的群组中，不破坏现状是基本标准。我们首先考虑的是社会关注，而不是发表独到见解。心理学家通过对归属感需求的研究发现，我们想要得到与我们相似的人的喜爱。当我们周边全是不同于自己的人时，我们就会产生一种社交动力解释为什么自己会认同或否认他人。这可能使我们感到不自在，但它会推动我们解决手头的问题。

为了验证多样性对群组解决问题能力所产生的效果，菲利普斯对美国西北大学 4 个姐妹联谊会或兄弟联谊会的 242 名成员进行了研究。参与试验的人被要求破解一起虚构的谋杀案。每一个人都在一名研究侦探小说的侦探的指导下进行一组访谈，并必须确定谁是凶犯。为了突出社会认同，印有各自联谊会名称的巨大横幅悬挂在测试室，参与者被要求同他们的“兄弟”和“姐妹”们坐在一起，并佩戴可识别各自房屋的姓名牌。

首先，每个人都有 20 分钟时间，通过独立工作，确定凶犯，并以书面文字的方式简单解释自己做出这种选择的理由。然后，以他们的联系以及他们对凶犯的选择为基础，参与者被分成不同的 3 人小组。这些 3 人小组有 20 分钟时间进行讨论，并确定凶犯。讨论进行到 5 分钟的时候，第四个人加入到 3 人小组。这个新的小组成员不是与原成员处在同一个联谊会的成员，也就是具有不同联系的局外人。

有局外人的那些小组，在做出决定的时候更缺乏信心，他们报告说，相比那些没有局外人的小组，他们的工作效率更低，但是他们获得了更好的成绩。被试在独立完成任务时，有 44% 的概率找出了真正的凶手。成员全都属于同一个联谊会的那些小组，有 54% 的概率破获了案件。而多样化的那些小组有 75% 的概率正确识别了凶手，尽管他们体验到了社交上的不适。

THE CREATOR'S CODE
破解密码

“付出这样的痛苦是值得的。”菲利普斯说。虽然同质化小组发现，同一联谊会的人一起工作会更加舒服，但他们更加固执己见，对自己的假定过度自信。相比之下，多样性小组体验到现状的烦乱，他们会感到不安，但他们会积极调解对立的观点。他们更投入，也更精确。甚至当新加入的人同意这个群组中一个或多个已有成员的观点时，每个人也想要理解为什么这些“与自己不同的人”会持有同样的观点，从而更加专注于需要完成的任务。

当我们被那些与我们不同的人包围的时候，会感到不安。“我们不喜欢多样性，因为它让工作变得更困难，”菲利普斯说，“我们都是认知的吝啬鬼，不到万不得已时，谁也不愿意付出这么多的努力，但这种不舒服有助于目标的实现。”

网络思维能够瓦解一致性。创新者通过更多的不同思想的互动，超越常规，从而产生更伟大的见解。

当我们预料到要与“不同于我们的人”相互配合的时候，我们会更充分地做好准备。在菲利普斯和她的同事进行的另一项研究中，每一个参与者被要求破获同一个虚构的谋杀案之前，都会被问到政治倾向问题：如果参与者提出了一个与众不同的解决方案，他将与另一个人进行辩论。一些参与者被告知，这个人的政治观点与他们一致，而另一些人则被告知，这个人持有和他们不同的政治观点。为了突出差别，研究者使用政党标签和彩色编码（红色代表共和党，蓝色代表民主党）对辩论者们进行标记。

创新者说
THE CREATOR'S CODE

我们不喜欢多样性，因为它让工作变得更困难。我们都是认知的吝啬鬼，不到万不得已时，谁也不愿意付出这么多的努力，但这种不舒服有助于目标的实现。

凯瑟琳·菲利普斯，哥伦比亚大学教授

但是，在开始讨论解决方案之前，参与者被要求将他们的观点写成文章。研究者根据长度、语言、全面性以及坚定性为这些文章打分后发现，与那些认为自己将与具有相同政治倾向的人进行辩论的人所写的文章相比，那些相信自己将会与和自己政治倾向不同的人进行辩论的人准备的文章更有力、更全面、推理更周密。

菲利普斯的研究表明，当我们认为要与持有不同观点的人进行辩论的时候，我们会做额外的准备。我们仔细考虑自己的观点，进行更充分的准备，提升自身的表现水平。同与我们不同的人互动，会让我们工作更加努力。菲利普斯这样描述："如果你想拥有更强健的肌肉，你必须去健身房，但这个过程很痛苦。"

网络思维并不需要持续运用。它可以以项目为基础，以短平快的形式发挥作用。创新者快速组织"快闪团队"，解决具体问题，处理紧急需求。

"快闪团队"，未来的工作方式

"塔得，这一次将会是一个大的挑战。"InSTEDD 创始人兼首席执行官埃里克·拉斯姆森（Eric Rasmussen）在给布宜诺斯艾利斯的尼古拉斯·迪·塔得（Nicolás di Tada）的短信中这样写道。塔得回复说："我正在赶过去的路上。"在虚拟现场行动协调中心，基思理·奥拉夫松（Gisli Olafsson）发出了卫星电话号码和信息："我将于 4 点 27 分到达。"

平日里，奥拉夫松在微软公司上班。但作为一个灾难响应志愿者，他正从雷克雅未克飞往海地参与 2010 年海地大地震的救援活动。他的工作就是跟踪遇险呼叫，指挥冰岛救援队。

在研究中，我一次又一次发现这种集体努力的范例。我把这些群组称为快闪团队（flash team）。利用日益发展的信息技术，快闪团队创造了一种运用网络思维、应对挑战的新方式。他们迅速集结，投入工作，然后解散。

拉斯姆森是前海军军医，在地震发生后不到 5 分钟的时间里，他就收到了 7 级地震毁灭性爆发的消息，他马上意识到，这场灾难将赋予他一项艰巨的任务。7 分钟后，他已经联系了遍布世界各地的第一响应者网络中的 75 名成员 。12 小时之内，拉斯姆森和他的快闪团队就已经在太子港集结完毕。他们翻译并绘制遇难者的位置，从断壁残垣之中营救幸存者。

经过他和来自英国南极科考队的科学家的共同努力，拉斯姆森建立起了一个接受文本信息的运营中心，并将这些信息由克里奥尔语翻译成法语或者英语，在谷歌地球上标注位置，等待部署队员救援幸存者。因为渴望得到亲人的消息，海地人发送的信息干扰了急救中心的网络，所以 InSTEDD 和其他的快闪急救员一起安装基础设施，拦截和管理当地居民产生的 9 万多条消息。

“一名联合国雇员被压在了一家倒塌的杂货店里，”拉斯姆森说，“我们得到消息后，立即予以回应。从他发出消息，到搜救队抵达现场，大约花了两个半小时。我们找到了这个地方，真的是太好了。”

拉斯姆森的海地救援队和其他类似的救援队都由各种各样的精英响应者组成，他们来自各种完全不同的组织，包括美国红十字会、塔夫特大学、谷歌地图和冰岛救援者。这些救援队挽救了数百条生命。在紧急反应情境和搜索救援过程中，快闪团队诞生于紧急需要；创新者正像他们一样，会组织特殊的项目团队抓住经济机遇。

在电影行业，不同的个体临时凑在一起工作是稀松平常的事：很多年来，演员、编剧、摄影师和导演，就是通过这种模式组织起来，协调工作的；工作周期短、任务明确，也是咨询公司的特征；律师事务所，会根据一个又一个的案件，重组法律团队；投资银行，会在处理财务交易时，合并和收购团队；医院里，医生、护士、技师和社工在为患者提供诊断和治疗期间，也是根据患者的不同病情组成变化的团队。

THE CREATOR'S CODE
破解密码

技术的发展，使得创新者能够以近乎相同的方式，以项目为基础，组成及解散团队。借助移动通信技术、社交网络平台和其他联络工具，专家能够短时间聚集在一起，集中工作，解决共同感兴趣的问题。

我的研究表明，快闪团队预示着未来的工作方式。根据联邦统计局 2005 年的数据，在职的美国人中，估计有 1/3，也就是 4 200 万人，没有传统意义上的工作。“工作将会更加灵活，周期更短，”自由职业者联盟（Freelancers Union）创始人萨拉·霍洛维茨（Sara Horowitz）说，“这是一个真正的大型游戏，包含了大量的演员、情节和角色。想一想——如果我是一个网页开发者，我需要寻找文案、会计、律师和其他职业的人。”自由职业者联盟是一个旨在支持独立工作者的组织。

为了更快地获取人才，创新者会从各个地方寻找和项目需求相匹配的各色头脑。oDesk 和 Elance 是美国两家有影响力的业务外包中介服务网站，他们向自由职业者提供短期的、临时性的工作。2013 年 12 月，两个网站合并重组而成的新公司 Freelancer，吸引了 800 万自由职业者，年营业额大约 75 亿美元。这个数字虽然看起来巨大，但它仅占有 2013 年全球人力市场 4 220 亿美元的 1.7% 的市场份额。

Freelancer 吸引了大约 1 300 万用户。兼职 MBA 咨询平台 HourlyNerd 是由哈佛商学院的学生于 2013 年创建的创业企业，它致力于以具体的项目需求为基础，在 MBA 学生和小企业之间进行配对。“HourlyNerd 满足了每一个创业公司所面对的需求。”连续创业家马克·库班（Mark Cuban）说。“能成为这个公司的一份子，我感到非常激动，希望它能服务于我参与投资的所有的公司。”信息技术全球化的出现，让快闪团队对传统的工作方式形成了越来越强烈的冲击。

科尔斯顿·萨恩斯·托比（Kirsten Saenz Tobey）和克里斯汀·格鲁斯·里奇蒙德（Kristin Groos Richmond）集合了快闪团队，讨得了世界上最难缠的顾客——美国儿童的欢心。2006 年，他们创建了革命食品公司（Revolution Foods），在加利福尼亚州奥克兰市，向数百名儿童提供健康校餐。这两名妇女认为，午餐质量低劣是美国学校中最大的问题之一。托比说，她们的解决方案是“运用商业的力量解决社会需求”。今天，革命食品公司向 1 000 多所学校的学生每周提供的午餐达到 100 多万份。

“但是，想要孩子们立刻接受它，只讲有益于健康是不行的。”托比解释说。她们进行了上千次的试验，例如，能征服年轻人味蕾的非油炸鸡翅就是这样被开发出来的。哪些食品孩子们喜欢，哪些食品孩子们不喜欢，托比和里奇蒙德每天都会收到这样的报告。最近供应的菜花口碑欠佳，但南瓜却惊人地大受欢迎。“有数十万孩子每天都吃我们的饭，所以我们还有很多东西需要不断学习。”托比说。

提出挑战的不仅是孩子们。校餐必须满足美国全国学校午餐项目

（National School Lunch Program）的营养标准，每一套午餐的价格低于3美元才能得到联邦政府的准入。"我们所设计的每一样东西，都要考虑孩子的亲切感、运行的可行性、营养、价位和我们所做出的承诺。"里奇蒙德说。为此，他们把不同领域的专家召集到一起，一餐一餐地开发新的菜单方案。

例如，为了制作健康美味的肉丸，革命食品公司组建了一个由当地的供应商、厨师、营养学家、业务规划人员、当地学校的管理者和国家供应链合作伙伴组成的快闪团队，寻求营养的食材和最合适的烹饪方式。传统的肉丸是由猪肉和牛肉制成的，脂肪和盐的含量都比较高。为了开发更好的菜品，营养学家会问厨师："你曾经尝试过在食谱中用这种东西替代那种东西吗？"当地的制造商则讨论定价，而供应链的人专注研究数量问题，由他们来决定一个月生产100万只肉丸是否负担得起。

"我们会共同去研究，什么样的办法可以不用加很多糖、盐、脂肪和油，就能做出营养更丰富、孩子们又喜欢的食物，"托比告诉我，"新型肉丸中的大部分肉实际上是火鸡，火鸡肉很瘦，但风味和口味很像传统的肉丸。"

排队购餐的学生证明他们的付出是有效的。快闪团队的肉丸成了肉丸意面和肉丸三明治的组成部分。革命食品公司的快闪团队还创造了另一个更大的奇迹：他们开发出了一种既便宜又有营养的热狗，满足了年轻人的口味。

由于托比和里奇蒙德尽可能进行本地采购，实行当季生产，对她们而言，开发新菜单就是一项持续不断的工作，快闪团队也几乎是必不可少的——这就可以解释，为什么公司在美国各地运营着7个紧邻当地市场的烹饪中心。“人们普遍认为，如果你购买包装好了的商品，你就省了钱，”里奇蒙德说，“但是通过采购原材料并加工生产，我们也可以节省很多钱。”

没有油炸食品和包装好的食品，你怎么满足成千上万的青少年的午餐需要呢？通过建立快闪团队，两个为了生计才制作校餐的妈妈找到了她们的答案。许多著名人物，从第一夫人米歇尔·奥巴马（Michelle Obama）到名厨杰米·奥利弗（Jamie Oliver），都致力于解决儿童肥胖问题，而处于这项工作最前沿的，是这家营利企业的创始人。

THE CREATOR'S CODE
破解密码

把多样化的人才拉到一起，实现特定的目标，需要所有的人一起迅速、有效地展开合作。创新者不会随意组建快闪团队，他们注重团队的活力，常常把老手和新人相互搭配起来开展工作。

为了更好地了解网络思维如何影响成功，美国西北大学社会学家布莱恩·乌西（Brian Uzzi）对其进行了广泛研究。“我们发现，如果你抓住了一组重复关系的核心，与不同团队来来往往的新人们反复协作，那么你的投资回报就是最大的。”乌西说。

如果团队成员缺乏一起工作的经验，他们可以努力沟通。相互认识的人合作，会信任和理解彼此处理问题的方式，从而提高交流的效率。但如果彼此过于熟悉，独创性的想法往往会被扼杀。新加入者会带来新鲜的概念和技巧。最适宜的组合是混合搭配：团队中最好既有老成员又有新成员。

“在 Rodgers & Hammerstein 做音乐剧的时候，”乌西说，“他们不停地变化他们团队中的一部分成员。这个著名的二人组合相互理解对方的方法，能够有效地沟通，但他们还需要新人带来新鲜的想法，以激发创造力和创新性。”乌西对自 1877 年到 1990 年的 2 258 部百老汇音乐剧的创作团队进行了研究。通常，创作一部音乐剧只需要 6 名自由艺术家：作曲家、抒情诗人、编剧、编舞、导演和制片人。运作模式可能会有所不同：歌舞影片《歌舞线上》（*A Chorus Line*）的创作开始于编舞迈克尔·班尼特（Michael Bennett）的舞蹈团队，随后由马文·哈姆利斯（Marvin Hamlisch）为其配上音乐，最后其他演职人员加入其中；而音乐电影《金牌制片人》（*The Producers*）则开始于编剧梅尔·布鲁克斯（Mel Brooks）的书。项目的开启通常会从有优势的地方着手，但最成功的团队往往既包括几个值得信赖的合作伙伴，又包括最近加入的人才，他们会用几天的时间一起开展头脑风暴，创造性地解决问题，修订并进行深入的交流。乌西的研究表明，这种新老搭配的方法起到关键作用，不仅表现在艺术和娱乐方面，而且在社会心理学、经济学、生态学和天文学方面也会效益显著。

如果快闪团队想要运用网络思维，激发人们解决具体问题的渴望，那么，有奖竞赛会是一种颇具吸引力的办法，因为这不仅会让人们产生胜利的快感，也会让人为奖品心动。

有奖竞赛，将人们的智慧汇聚在一起

如何从干草堆中找出一枚针？你只需要一个合适的钩子。奖品通常能够很好地激发人们应对挑战的智慧。

有奖竞赛并不是什么新鲜的东西。历史上第一位成功完成从纽约到巴黎横跨大西洋，完成不着陆飞行的人查尔斯·林德伯格（Charles

Lindbergh），曾赢得 25 000 美元的奥泰格奖（Orteig Prize）。在发明历史上，发明者们为了得到奖金，发明了灭火器、罐头食品、人造黄油等产品。但是，网络思维到底“新”在何处？“新”在互联网和移动技术的力量把人们聚集到了一起。

我们来举例说明，奥菲尔斯·宾汉（Alpheus Bingham）创建了以奖励科学发现为宗旨的在线公司 InnoCentive[①]。礼来公司（Eli Lilly）、Life Technologies、Roche USA、*Popular Science* 杂志和其他的奖品赞助商，利用 InnoCentive 在线平台雇用了 25 万多名问题解决者——包括从事科研的科学家、大学教师、医生、技师以及各种合作伙伴。约 60% 的问题解决者拥有硕士或博士学位，超过 40% 的问题解决者来自巴西、俄罗斯、印度、中国，30% 来自美国，其余的来自 150 多个国家。

宾汉对他那所谓的“多样化的空间探索”充满信心。“多样化的空间探索”指的是这样一种科学研究方式：它面向大众发布需要解决的问题，对由此获得的各种解决方案进行比较和评价。宾汉研究生期间学的是有机化学专业，他认识到，许多人共同参与解决同一个问题，可以产生新颖的解决方案。宾汉回忆起在某一门研究生课程中，老师要求他们解决一个复杂的化学问题。迫于压力，他凭借自己的知识，从他母亲的橱柜中寻找原料，制成了他的处女化学作品。“其他人都没有考虑使用酒石，”他说，“但我用它解决了这个问题。”在他所在的班里，25 名学生提供了 25 个不同的解决方案。

---

① InnoCentive 是世界著名的制药企业美国礼来公司的子公司，总部设在美国波士顿，其名字取自 Innovation（创新）和 Incentive（激励）。它是第一家以现金激励为基础、促进全球性科学研究的沃客公司（Work2.0），也是专门为全球科技研发界而创建的首家互联网奖励机制公司。——译者注

2001年，作为礼来公司的一名科学家，宾汉观察到，研究者们都在各自的公司独自工作，苦苦研制一种艾滋病疫苗。宾汉认为，**科学家自己的研究，必须建立在相互交流思想的基础之上**。在他的提议下，礼来公司的管理层进行了一场被他戏称为"分子在线"（molecule.com）的试验。这个在线试验以网络为载体，把需要解决的问题外包给虚拟社区的科学家。2005年，从礼来公司孵化出来的这一尝试，发展成了InnoCentive公司。

"在过去，你只能以一种非常有限的方式发布奖金激励信息。这种方式方向单一、时间受限，受众范围也非常狭窄，"宾汉说，"过去你可以把它发布到《纽约时报》上，《纽约时报》的读者碰巧翻到了5月27日第14版才会读到它。"互联网改变了这种方式。宾汉把网络看作是科学家的一种工具，科学家通过它可以广泛发布他们的问题，并使其抵达数以百万计的希望获取这类信息的人群中，其中一小部分人能够贡献相关的知识。"挑战驱动创新"，宾汉这样描述通过有奖竞赛激发网络思维这一方式。

- 2007年，约翰·戴维斯（John Davis）——一名来自美国的InnoCentive问题解决者从溢油回收协会（Oil Spill Recovery Institute）赢得了2万美元奖金，因为他所提供的应急措施解决了1989年埃克森公司（Exxon）瓦尔迪兹号（Valdez）油轮泄漏事故引发的阿拉斯加海岸残油问题。这个协会把问题通过InnoCentive发布出来。尽管化学家戴维斯不曾从事过石油行业，但他了解一种常见的施工方法——采用振动的方法，使水泥液体形态的保持时间得以延长，以便获得更好的浇注效果。戴维斯意识到，同样的方法可以阻止原油冻结，有助于原油被回收船顺利抽取出来。

- 为了在发展中国家开发一种兼具灯具和手电筒功能的太阳能灯，SunNight Solar 公司把问题放到了 InnoCentive 社区。不到两个月的时间，新西兰电气工程师罗素·麦克马洪（Russell McMahon）解决了这一难题，赢得了 2 万美元。
- 非营利组织肺结核病联盟（TB Alliance）发布了一项挑战，它想要简化药物化合物制造过程，以提高疗效，降低肺结核的治疗成本。这种疾病每 20 秒钟就能导致一人死亡。卡纳·苏莱珊（Kana Sureshan）是该挑战的获胜者之一，她提交的药物化学溶液可能惠及数百万人。

InnoCentive 所发布的问题的范围十分广泛，从如何给猫砂去味（奖金 7 500 美元）到如何预测骨关节炎的进展（奖金 10 000 美元）都有涉及。科学家和其他人将他们的知识应用到这些分散的问题上，这些问题往往在他们的研究领域之外。

“有趣的是，需要解决的问题距离解决者的专业领域越远，他们就越有可能解决它。”哈佛商学院教授卡里姆·拉汉尼（Karim Lakhani）说。拉汉尼研究了 InnoCentive 发布的 166 个挑战项目，他发现，如果问题超出了解决者的专业知识范畴，成功的概率将会提升 10%。

“最好的解决方案并不总是来自哈佛大学的诺贝尔奖获得者，”宾汉说，“最后我们很有可能发现，或许罗马尼亚的孩子有更好的主意，这值得我们去重视。”有奖竞赛信息的抵达范围，超过通常我们已知的可能解决问题的人。解决方案往往来自领域中的那些新手，因为他们在看待问题的时候，可以不受行业标准的影响。

宾汉用阿基米德的故事来强调网络思维的重要性。古希腊时期，国王海维隆二世（King Hiero Ⅱ）想要确定一个皇冠的含金量。当阿基米德在公共浴室洗澡的时候，他意识到，可以根据身体浸入浴缸时的排水量来确定浮力，以此作为解决皇冠含金量问题的原则。“找到啦！”阿基米德喊道。宾汉运用有奖竞赛，“把成千上万人的智慧汇聚在一起，就是希望有人能够灵机一动，就像阿基米德踏入浴缸时那样”。

有奖竞赛的价值不仅解决了一次性的问题，以这一解决方案为基础常常可以发展出一桩生意。大约在与宾汉开启 InnoCentive 业务的同一时间，艺术家在线社区 Threadless 的创始人杰克·尼克尔（Jake Nickell）和雅各布·德哈特（Jacob DeHart）就把 T 恤设计大赛变成了一桩生意。2000 年，尼克尔赢得了 T 恤设计大赛，获奖的兴奋激发了他探索更大发展可能的热情。

33 岁的尼克尔看上去像一个大男孩：他有着一头散乱的头发，留着邋遢的红胡子，身穿牛仔裤、颜色鲜艳的袜子和网球鞋，瘦弱的身体上松松地挂着件 T 恤。他没有工商管理学硕士学位，甚至从来没上过大学，但他已经通过网络思维，使传统的零售业相形见绌。什么是他的金字招牌？有奖竞赛。什么是他的使命？提升艺术家的形象，把他们的设计卖到世界各地。

在他赢得 T 恤设计大赛的时候，尼克尔居住在芝加哥一间狭小的公寓里，晚上在伊利诺斯艺术学院学习，白天在电脑零售商 CompUSA 公司工作。利用业余时间，他开发了在线社区 Dreamless.org，这个网站由约书亚·戴维斯（Joshua Davis）掌管，吸引了很多平面设计师、网页设计师和程序员。“这是一个在全球范围内的互联网设计试配，”尼克尔说，“人们用代码从事艺术创作，用电脑做各种奇奇怪怪的事情”。Dreamless 上的艺术家，都是设计界最擅长使用 Adobe Photoshop、Illustrator、Flash 等设计软件的人。尼克尔的时间都花在“Photoshop 网球”[①]游戏上，他在 Dreamless 社区中同朋友们进行比赛，看谁能把图片做得更加稀奇古怪。

在新媒体地下节日（New Media Underground Festival）举办期间——这是有许多 Dreamless 会员参与的一个非正式的伦敦聚会，组织者发布了 T 恤设计大赛的消息。“我参加了设计，并且取得了胜利！”尼克尔大声说。“我真的很兴奋，我的设计被采用了。”但是，T 恤衫没有被印制，尼克尔也没有赚到钱。说实话，他所取得的胜利没有多大意义。这让他开始思考自己的发展问题。

Dreamless 上的艺术家每天上传的数字艺术作品并没有超出在线领域。“考虑到我们所有的时间都花在了设计上面，我想，做些真实世界的东西可能会很有意思。”尼克尔告诉我。要是艺术家们能够在网上分享自己的设计作品，并且对彼此的作品进行投票，那会怎么样呢？他可以把最好的设计印制在 T 恤衫上。设计师会出售自己的设计作品吗？这是一个让初出茅庐的设计师崭露头角的很好的方式吗？他在 Dreamless 社区提出了这样的问题。“就这样，我开始创办 Threadless。”尼克尔说。他拿出 500 美元作为启动资金，普渡大学学生、他在 Dreamless 上的朋友雅各布·德哈特也投入了 500 美元。

第一场竞赛收到了近 100 幅作品；他们挑选了其中 5 幅作为获奖作品。获奖者获得两件免费衬衫；从 T 恤销售取得的未来收益，将被再次投资

① 一款通过论坛或者邮件来玩儿的游戏，通常有两个以上的玩家。尽管名为“Photoshop 网球”，但可以使用任何图片编辑器。它实际上是一款图片加工接龙游戏，玩家之间“来回击打”进行想象力和图片编辑技巧的竞赛。这个游戏唯一的规则就是，后面的玩家必须以前一个玩家所设计的形象（图片）为基础，或者把它包含在内。——译者注

于新的竞赛。艺术家开始花费平均 6 个小时把他们的设计聚在一起。他们对其他的图案设计提供反馈。很快，Threadless 变成了一个社交网络，设计师们在其中交换意见，评论彼此的作品，并给自己喜欢的作品投票。

“能够得到反馈，这对艺术家是一种激励，他们因此更加努力，”尼克尔解释说，“你必须越做越好，只有这样，人们才会尊重和欣赏你的工作。”为设计提供投票的关系紧密型社区，保证目标产品有一个现成的市场。2001 年 1 月，尼克尔第一次把 Threadless 社区的前五名获奖设计制成产品予以发售，这些 T 恤很快就被抢购一空。“对于如何印制、充卡、发货等等诸如此类的事情，我真的不清楚，真的是一无所知。”他承认。但有一个预先存在的受众群体，这项业务得以迅速发展。起初，他支付给获奖者的奖金是 50 美元；以后，奖金逐步增长，100 美元、250 美元，后来高达 500 美元。今天，获奖者将得到 2 000 美元，其中包括 500 美元的礼券、特许权使用费，Threadless 社区所获得的广泛的关注当然更不用说了。

“每天我们会收到 200 多个设计作品，”尼克尔说，“其中大约 1% 的入围作品我们会打印出来”。每周，高达 10 个设计作品会被印制在 T 恤衫上，并被在线发布，通过芝加哥的 Threadless 零售店，以及通过 Gap 专卖店系予以发售。

创新者说
THE CREATOR'S CODE

能够得到反馈，这对艺术家是一种激励，他们因此更加努力。你必须越做越好，只有这样，人们才会尊重和欣赏你的工作。

杰克·尼克尔
Threadless 联合创始人

通过 Threadless 社区的比赛，公司发现了一批才华横溢的艺术家。其中一位获奖者后来成为奥巴马 2008 年总统竞选活动的艺术总监，另一位获奖者为伯顿公司（Burton）设计了一系列的滑雪板，还有一位获奖者名叫奥利·莫斯（Olly Moss），在赢得了 30 多场 Threadless 社区的比赛之后，成功开启了自己的商业艺术职业生涯。

有奖竞赛的吸引力远远超出了 Threadless 社区。社区为戴尔公司的笔记本电脑和苹果公司的 iPhone 和 iPad 举办了类似的竞赛，提供艺术设计。近年来，Threadless 设计的范围大大扩展，不仅为 BBB 公司（Bed Bath & Beyond）设计了水瓶、枕头、窗帘和废纸篓，还为迪士尼、卡通电视网（Cartoon Network）、芝麻街（Sesame Street）等公司提供了创意内容。

不出所料，Threadless 模式取得了成功。截止到 2014 年，这个平台的用户稳定在 250 万人，超过 50% 的网站流量来自美国以外的国家。通过利用有奖竞赛，尼克尔和德哈特不仅提升了这些艺术家的形象，而且建立了一个蓬勃发展的企业。

将工作游戏化

从创建公共空间、打造快闪团队到举办有奖竞赛，它们共同的主题就是，有意义的挑战可以把多样化的头脑聚集起来。除此之外，创新者们也使用游戏的力量来汲取智慧，解决业务问题。游戏提供了内在的指标、限时的性能并能进行即时反馈。

未来研究所（Institute for the Future）游戏研究室的主任简·麦戈尼格尔（Jane McGonigal）认为，和他人一起玩游戏有助于改善人际关系。游戏能够建立信任，让人更好地理解他人的优势和劣势，还能

扫码关注“未来创客”，回复“游戏”直达简·麦戈尼格尔的 TED 演讲。

帮助人们了解未来如何更好地进行协作。**在游戏圈，每个人都在共同的基础上一起工作。不管是赢是输，玩家都可以建立信任和合作。游戏教会我们有效合作。**

“我们希望利用世界各地的人们的集体智慧，去改变科学研究的方式。”位于西雅图的华盛顿大学游戏科学研究中心主任佐兰·帕波维奇（Zoran Popović）说。2008 年，帕波维奇和同为华盛顿大学教授的生物化学家戴维·贝克（David Baker）发布了游戏《折折看》（*Foldit*）[①]，目标是把成千上万的玩家吸引到折叠蛋白质的任务中，这一游戏困难重重却十分有趣。

人体内有超过 10 万种不同的蛋白，这些蛋白构成了每一个细胞，影响每一种化学反应的速度。由于形成蛋白的氨基酸的排列顺序有无尽的可能性，我们还不了解蛋白是如何折叠成了复杂的形状的。“很多蛋白的几何结构我们还不了解，”帕波维奇说，“如果你知道任何蛋白的形状，你就掌握了生命的秘密。”这个任务向计算机科学提出了挑战，直觉是科学进步的关键。这一游戏利用人们的三维空间想象能力来操控氨基酸链条。

《折折看》的许多玩家，都把这一游戏称作是 21 世纪的《俄罗斯方块》。在最初的几级中，玩家需要了解健康人体蛋白质的样子，并学习在三维空间中如何转动它们。他们学习把蛋白质的侧链拉到一起，弯曲整个蛋白质的脊柱，形成氢键以保持稳固的形态。玩家通过电脑屏幕操纵色彩斑斓的几何曲线，这些几何曲线模仿了蛋白质的构造。这样做可以把蛋白质紧紧地聚集成团，但又不至于过于紧致。如果过于紧致，不同的侧链中的电荷会相互排斥，尖锐的红色毛刺会出现在玩家的屏幕上。

① 一个实验性的蛋白质折叠电子游戏，它把确定蛋白质的最佳三维形状设计成一个游戏，使得人们在游戏过程中也能对生物科学做出贡献。——译者注

玩家累积点数的高低，取决于折叠蛋白质排列到位所消耗的能量的多少。蛋白质构造所消耗的能量越小，玩家取得的成绩就越高。《折折看》游戏允许人们团队协作，相互讨论，制订团队策略，这大大促进了多玩家竞争。为了加强竞争性，世界各地的《折折看》玩家与研究团队就主要的蛋白质结构，每两年举行一次对抗赛。

通过利用 24 万名《折折看》注册玩家的智慧，研究者提高了发现癌症、老年痴呆症和其他疾病治疗方法的可能性。到目前为止，《折折看》玩家已经发现了小部分蛋白质抑制剂，这些抑制剂能够捆扎和阻止造成 1918 年全球流感大暴发的病毒。2011 年，《折折看》玩家只花了 10 天时间，就完成了困扰生物化学家们十多年的问题——解码了一种被称为逆转录病毒蛋白酶（retroviral protease）的蛋白质的结构，这对于解决艾滋病病毒繁殖的问题十分重要。了解这种蛋白质的形成方式，将有助于科学家们开发对抗艾滋病的药物。

通过游戏和网络思维，帕波维奇设计了一种有效的方法，汲取成千上万人的智慧，帮助生物学家解决一些最复杂的问题。“从来没有哪一个人，可以独立解决这些事情，”他说，“我们正在优化专业知识，让更多的人从中体验到乐趣。”

THE CREATOR'S CODE
破解密码

运用游戏机制解决专业问题，不仅有助于找到答案，也使得一个现象日渐显著。全世界超过 5 亿人每天至少有一个小时在玩在线游戏，其中在美国就有 1.83 亿人。创新者认为，游戏比简单的娱乐具有更大价值；作为有价值的商业工具，游戏可以使工作变得更具吸引力、更有互动性，更富有成效。到 2014 年年底，技术研究公司高德纳（Gartner）预测，全球 2 000 强企业中超过 70% 的公司将会使用至少一种类型的游戏应用。

在借助游戏机制利用网络思维方面，跨国广告巨头阳狮宏盟集团（Publicis Omnicom Group）旗下媒体策划集团 PHD 处于领先地位。为提高员工的协作能力和解决问题的能力，公司开发了触摸屏游戏《源》（*Source*），PHD 集团的每一个员工都可以参与其中。无论游戏任务是完成一篇短文、进行市场调研，还是调整媒体活动，PHD 的员工可以通过《源》参与其中。

PHD 集团全球战略规划总监马克·霍顿（Mark Holden）说："每天当人们来到 PHD 集团，就开始了一场游戏。工作变成了玩耍，企划变成了社交。"他们在《源》中工作的时间越久，就越多地成为合作人，他们就会积累越多的点数或"砰"的声音。通过实时全球排行榜，PHD 集团的员工同他人竞争，看谁的工作最有效、谁最擅于协作。员工（即玩家）可以通过查看该系统的活动，去了解同事们在当天收到了多少"砰"以及是在工作的哪一部分收到的。

员工在《源》中的表现如何，会影响他的职业发展。该系统对表现提供动机和反馈，有利于组织。根据霍顿的说法，联合利华（Unilever）之所以决定把它大部分的全球交流规划工作交付给 PHD 集团，《源》的成功是一个主要因素。"这几乎就像有一个想法，一个潜意识的想法，利用它你可以进入到这样一个以前不存在的地方，在这里你可以得到新见解。"他说。

游戏所秉持的承诺，是鼓励个人更有效互动，以承担原本不必承担的责任，并产生新鲜想法。但是，“它确实很难完成。”帕波维奇说。游戏需要精心设计，让用户定位于正确的目标。这意味着经营目标一开始就必须清晰——这不总是那么容易——而且，为了实现这一点，游戏必须拥有正确的架构。同时，把玩家的兴趣放在第一位，也是十分重要的。如果想要员工在它上面花费很多宝贵时间，游戏必须有趣，也必须实用。它不应当仅仅是一个游戏，仅靠单独的积分奖励和徽章是不足以获得成功的。利用游戏机制使工作有意思、可衡量并富有成效，需要深思熟虑的设计。

I 型专家与 T 型人才

在这个世界中，成功的关键在于善用网络思维，因此，这个世界需要各种不同类型的劳动者。今天，我们不仅需要了解如何汲取他人的思想，也要抓住机遇，创造出一种群策群力解决问题的全新方式。

斯坦福大学校长约翰·亨尼斯认为，有必要培养 T 型人才。T 型人才不仅在某一个专业领域造诣深厚，而且视野开阔，对其他学科富有好奇心。I 型专家具有某一个领域的专门知识，而 T 型人才分析问题的时候可能也聚焦于一个领域，但他却能够以足够开放的视野和胸怀整合其他观点。

亨尼斯解释说，**合作有时会让你“赢得一个大满贯，因为它能帮助你解决那些仅从一个角度不能解决的问题”**。例如，对小儿麻痹症的解决：“想想所有那些正在致力于临床治疗的大人物。他们不断改善便携式铁肺[①]，但那不是解决问题的办法，真正的解决方案是疫苗。”将不同的思维

① 铁肺是一种协助丧失自行呼吸能力的病人进行呼吸的医疗设备。大多数使用者因患上脊髓灰质炎和重症肌无力等而导致负责呼吸的肌肉麻痹。——译者注

方式联系在一起，科学家们用不同的方法研究问题。这一趋势在今天正在加速，“学生之间的带宽是每秒 100 兆位，”亨尼斯说，“他们以这样一种方式交换信息、拓展技能，这促进了 T 型人才视野的形成。”价值源于对不同领域专业知识的整合。

具有不同经验和方法的全球劳动力，可以产生协同效应。思维方式独特，具备多种技能，掌握多种语言，或使用多种研究方法并能够善用网络思维的人，可以制定出创新性的解决方案。

如果说英雄所见略同，那么善用网络思维可以从多个角度解决复杂的问题。你会挑一个保险的选择，还是会接受困难的挑战？网络思维赋予你解决重要问题的信心和能力。

THE CREATOR'S CODE

06

寻找盟友，并给予其支持

技能 6：伙伴关系

******

以德报德，建立有意义的伙伴关系

合作是会传染的

非零和博弈

信任的摩尔定律

人生最美丽的补偿之一，就是人们在真诚地帮助别人之后，也同时帮助了自己。

——拉尔夫·沃尔多·爱默生[1]

① 美国散文家、思想家、诗人。——译者注

寻找盟友，并给予其支持

技能 6：伙伴关系

有人找他上课。有人为自己的职业发展向他寻求建议。有人投资他的公司,希望拿到专利许可。学术界、科学界和商业界的领袖们都来到他这里，寻找思想和灵感。就连美国总统也打电话向他咨询问题。他就是鲍勃·朗格。

在马萨诸塞州的坎布里奇市，鲍勃·朗格掌管着世界上最大的大学生物医学工程实验室。朗格在麻省理工学院的实验室不仅成功研制了用以攻击癌症肿瘤的纳米囊，而且研发了智能药丸、无针注射、透皮尼古丁贴片、再生人体组织，甚至合成声带——也许有一天，它会帮助《音乐之声》（*Sound of Music*）主演朱莉·安德鲁斯（Julie Andrews）①再次开口歌唱。在老鼠脊背上培植出人耳的，也正是朗格。“政治没有什么了不起，但是科学确实很出色。”他说。朗格身材瘦小，平易近人，他谦逊谨慎的态度更与他有世界级影响的科学家身份形成了鲜明对照。

朗格曾经是美国 3 个国家级科学院②中最年轻的院士。他是控释药物

① 20 世纪六七年代著名的歌唱家和演员，曾主演电影《音乐之声》等。1997 年，由于不成功的肿瘤切除手术导致她的声带损坏。——译者注

② 成立于 1863 年的美国国家科学院,最终扩展为 3 个平行组织：美国国家研究理事会(1916 年)、美国国家工程院（1964 年）、美国国家医学研究院（1970 年）。美国科学院是民间的、非营利的、科学家的荣誉性自治组织，其下不设科学研究机构。——译者注

输送系统和人体组织工程领域的公认开创者。作为联合创始人，他创建了25 家公司，他曾向 270 多家公司授权技术，获得过 200 多个奖项，申请专利 800 多项，发表论文 1 200 余篇。然而，如果有人问他最引以为豪的是什么，他会立即回答："我的学生。他们简直就像我自己的孩子。看到他们如此出色，我感到相当满意。"

朗格深知，获得支持是多么关键。他对自己职业生涯的评价是，"开头非常艰难"。1974 年，在获得麻省理工学院化学工程博士学位后，他拒绝了石油行业 20 多个收入丰厚的工作机会，因为他想从教。他曾经向 40 所高中提出求职申请，可 40 次都被拒绝。屡遭挫折的他改变了方向，申请从事医学研究工作。他发出了一封又一封的求职信,但又全都石沉大海。

后来朱达·福克曼（Judah Folkman），这位波士顿儿童医院的癌症外科医生，邀请朗格参加一个会议。朗格开着破旧的普利茅斯汽车来到儿童医院，身上穿着他唯一的一套西装。2008 年去世的福克曼，被认为是一个特立独行的人，当时，他正试图通过阻断肿瘤细胞的血液供应的方式来对抗癌症。在这个年轻的化学工程师身上，福克曼投下了赌注。他告诉朗格，尽管这个问题非常复杂，他相信朗格可以尝试拿出一个解决方案。最后，福克曼录用了他，朗格成为这家医院里唯一的一名工程师。

朗格花了两年时间，努力把福克曼的理论变成现实。"我唯一的优势大概是，那些认为这种方法行不通的文献资料，我还没有读过。"朗格说。经历了一次又一次失败之后，朗格取得了突破：他研制成功一种

创新者说
THE CREATOR'S CODE

我唯一的优势大概是，那些认为这种方法行不通的文献资料，我还没有读过。

鲍勃·朗格

麻省理工学院朗格实验创始人

新型的多孔聚合物，这种聚合物不仅能够储存对毛细血管形成攻击的分子，而且能控制分子释放的比例。因此，通过抑制血管生长的方式，切断癌细胞营养来源成为可能，这就把癌症治疗的有效性提高到了一个新的阶段。

朗格的研究领先于时代。最初，他的研究遭到化学界和生物学界的冷落。朗格先后 9 次提交经费申请，全都遭到拒绝。他的第一个专利获得批准，也经历了多年的努力。麻省理工学院的资深教授认为，朗格的工作微不足道，并且如实讲给他听。但是，福克曼却始终如一地支持朗格。“是福克曼把我带到了这条道上，让我做成了今天这些事，”坐在实验室的凳子上，朗格说，“我越来越能像他那样做事情，我想，这一点真是太好了。”

帮助别人能创造更大价值

对创新者（也许除了那些出了名的求全责备、令人不快的家伙）而言，成功不仅是新产品的开发，它同样也和创新者对客户、同事和合作伙伴的关心息息相关。在他们看来，关注他人的需求，能够让关怀变成一种竞争优势，巩固同他人的关系。

THE CREATOR'S CODE
破解密码

为了建立良好的关系，创新者想方设法对他人给予帮助——在这里，我称之为“施以小惠”。在那些可能有益于他人、有助于他人的小小举动上，创新者细心周到。他们会花额外的时间和精力，或帮人推荐工作机会、或评论项目提案、或提供参考意见、或编写几句代码，这都表明，创新者关心他人，愿意为他人投入时间和精力。

随着工作场所从固定的汽车装配线上，转移到更灵活的环境中——例如，那些提供在线产品与服务的工作环境，专业人士开始提供从项目到项目的服务。想要迅速聚合资源，完成工作目标，形成联盟就变得至关重要。在汽车装配线上，末端的工人不能影响前端的工人的决策。但在一个等级层次更弱的工作环境中，专业人士可以选择与谁一起工作，通过建立互利关系对工作成果产生影响。

THE CREATOR'S CODE
破解密码

想要建立新的理念，就必须从联合创始人、投资者、同事、顾问和其他人那里获得有效的帮助。创新者需要能帮他获得新信息、检验新想法、确定合作伙伴以及迅速整合资源的人。想方设法造福他人，能让创新者建立起互利互惠的盟友关系。对他人需求的关注，扩大了创新者的竞争优势。

小恩小惠的交换，有利于提高一个人的专业声誉。就在几年前，一个老板如何对待他的团队，很难被外界知道。现在，由于在线社交网络的发展，我们可以方便快捷地了解、检查他人。信息透明化让你的所作所为人人皆知。慷慨大度的名声为你打开一扇门，而自私自利的名声则会关掉一扇门。**创新者通过培养有意义的伙伴关系，人人想与他合作，因此声名远扬。这种超越个人之间的交流而建立起来的信任，会在同行之间广为传播。口碑带来的积极声誉，会显著增加未来的机会。**

乐于助人向来正确，但在今天这个透明而联系紧密的世界，帮助别人也让创新者自己更富有成效。

- “我们现在正处于这样一个历史时刻，在这个时刻，帮助别人对你自身的利益也是有好处的，”Benchmark 公司合伙人马特·科勒告诉我，“那是因为，这个世界比以往更加透明、更相互连接且相互依存，也更高效。”在成为一名投资家之前，科勒曾经是 LinkedIn 公司和 Facebook 公司最早的团队成员，这两家公司大大提高了这个世界的透明度。
- “在一个透明的时代，诚实和慷慨可以产生良好的声誉，即使是以一种道歉的形式，”亚历山大·艾希利说，“如果人们感到你的所作所为确实如其所愿，这种体验会让他们对品牌产生信任，并愿意成为回头客。”捷波朗公司联合创始人获悉公司出品的手环存在问题后，退钱给用户，并让他们继续使用原有的手环，这给我们上了很好的一课。
- “我们相信，你会像周边那些人所期待的那样，向他们提供帮助。”吉尔特团购公司的亚历克西斯·梅班克说。投入时间和精力去发展与合作伙伴的互利互惠关系，使得创新者声名远扬，人人都乐意与之合作。

比起单打独斗来讲，遍施小惠能促进创新者创造更大的价值。

创新者说
THE CREATOR'S CODE

我们现在正处于这样一个历史时刻，在这个时刻，帮助别人对你自身的利益也是有好处的。那是因为，这个世界比以往更加透明、更相互连接且相互依存，也更高效。

马特·科勒，Benchmark 合伙人

在一个透明的时代，诚实和慷慨可以产生良好的声誉，即使是以一种道歉的形式。如果人们感到你的所作所为确实如其所愿，这种体验会让他们对品牌产生信任，并愿意成为回头客。

亚历山大·艾希利，捷波朗联合创始人

以德报德，建立有意义的伙伴关系

“当人们自我感觉良好的时候，他们就能够解决问题，”朗格说这话的时候，我们正在参观他的实验站，“人们会缺乏安全感，我曾经就是。我的工作是帮助他们树立起科学研究的信心。”朗格会在几分钟之内回复电子邮件，在24小时之内评阅论文，他对所有学生实行门户开放政策，不管是本科生，还是博士后。他帮助学生进入研究生院，帮助他们求职，指导同事处理知识产权协议，向创业投资家提供前沿科学的洞见，并就如何支持科学研究给政策制定者提出建议。

“任何时候，当你试图解决一个影响很大的问题时，你都会遇到许多挑战，”朗格告诉我，“想要反对主流观点，必须付出坚韧不拔的努力。”正因为如此，相互协作、相互扶持就变得更加重要。

创新者深知，开拓新的领域需要相互扶持。他们千方百计通过“与他人工作”“为他人服务”“借助他人完成任务”来取得成果。

“经过一段时间的研究之后，我开始意识到，目前，我所能做的也就仅限于此了，”朗格说，“如果想让它真的能够帮助到更多人，你就不能只是止步于麻省理工学院的实验室；你需要真实的产业界来生产这些系统。”

创新者说
THE CREATOR'S CODE

任何时候，当你试图解决一个影响很大的问题时，你都会遇到许多挑战。想要反对主流观点，必须付出坚韧不拔的努力。

鲍勃·朗格

麻省理工学院朗格实验创始人

20世纪80年代中期，朗格把第一项聚合物专利授权给礼来公司，作为交换，他获得了研究资金和咨询费。但这家大型制药公司雪藏了这项技术，朗格非常沮丧。经过斗争，他重新收回专利权，并与麻省理工学院的同事亚历克斯·科里班诺夫（Alex Klibanov）一起创立了 Enzytech，这是他的第一家创业企业，这家公司后来更名为 Alkermes。拒绝礼来公司的资金支持，这一做法风险巨大；朗格的行为显示，在他平易近人的外表下隐藏着强大的性格力量。今天，Alkrermes 已经把通过微球[①]技术输送药物的方法，运用到糖尿病、精神分裂症、酒精中毒及其他慢性疾病的治疗中。

大约在同一时间，一家名为诺瓦生物制药（Nova Pharmaceuticals）的小公司就专利技术的事情和朗格进行了接洽。朗格建议他们同约翰·霍普金斯大学神经外科医生亨利·布莱姆（Henry Brem）进行合作，布莱姆因为擅长脑肿瘤切除手术而闻名遐迩。双方合作的成果之一，就是格力得植入剂（Gliadel Wafer）。这是一种聚合物薄膜，它能直接向脑肿瘤切除的部位提供化疗。以前的化疗方法对病人身体伤害极大；而这种硬币大小的薄膜可以直接向肿瘤部位释放药物，不会影响其他组织。格力得植入剂在癌症研究领域是一大突破，它直接推动了一个年收入 120 亿美元的公司的创建，而朗格正是该公司董事。这一经验使朗格确信，与创业公司共享科学知识，可以产生真正的影响。

“从那时起，以学生在实验室的发现为基础，我们研制了大量真正的产品。”朗格说。事实上，和其他人一道，朗格先后创建了 25 家公司，每家公司的年收入都超过 1 亿美元。

“朗格开创的事业辉煌灿烂。”他曾经的博士后学生，现任波士顿儿童医院血管生物学项目主任的玛莎·摩西（Marsha Moses）说。在朗格的学生中，有 250 多人都已经创建公司，或者掌管着大型制药公司的某个部门，

① 指药物分散或被吸附在高分子、聚合物基质中而形成的微粒分散体系。制备微球的载体材料很多，主要分为天然高分子微球和合成聚合物微球。——译者注

大约 200 人拥有自己的实验室。

戴维·爱德华兹（David Edwards）曾经是朗格的学生。在 20 世纪 90 年代早期，爱德华兹是朗格实验室中唯一一个学数学的，他的任务是用数学方程为复杂场景建模。朗格问他是否曾考虑为吸附式药物建模，这种药物主要用于哮喘等疾病的治疗。吸入器治疗机制效果不佳，只能输送不到 5% 的药物进入肺部。爱德华兹运用自己的数学能力，就气溶胶微粒如何保持轻量进行建模，从而避免了标准治疗的一些缺陷，诸如微粒粘在喉咙后部。他的研究带来了成功的实验室研究和出版物，并以此为基础创建了吸入剂高级研究公司（Advanced Inhalation Research，AIR）公司，这个公司后来卖了 1.14 亿美元。朗格对此也多有帮助。爱德华兹后来成为哈佛大学生物医学工程教授。

“创意可以来自朗格或其他任何人。”佩德罗·瓦伦西亚说，当我们走过标有生物危险符号的储藏室和一个纳米微粒研究团队的时候，博士后瓦伦西亚告诉我们，他们所研究的纳米微粒的直径比人的头发直径还小。“朗格不在乎谁得到荣誉。我们专注于去创造那些能减轻人类痛苦的东西。”例如，在与马萨诸塞州总医院约瑟夫·维肯迪（Joseph Vacanti）的合作中，朗格曾经用聚合物支架为烧伤患者创造新皮肤，为脊髓修复创造新的软骨。最近，朗格实验室的研究人员剪断老鼠脊椎，在聚合物支架上培植替代细胞，把它们植入到损坏严重的脊椎中。这些脊椎断裂的老鼠又能走路了，虽然走起来仍然一瘸一拐的。这一突破意义重大，不久的将来，它将会帮助身体瘫痪的人重新行走。“总有一天，这项成果可以用来制造各种新的身体组织：脊髓组织、肠、肝、气管等。”朗格说。

创造新的解决方案往往需要与惯例做斗争。创新者施以小惠去建立有意义的伙伴关系。他们尽可能找到盟友，并对他们予以支持。

“到头来你会去问，有多少的疗法和产品将会有朗格的印记？”波士顿大学校长罗伯特·布朗（Robert Brown）说，“我认为这个数量将是巨大的，人们的生活质量也会因为这些疗法和产品而大大提高。”

合作是会传染的

施以小惠是可以传染的。杨伯翰大学社会学家菲利浦·昆茨（Phillip Kunz）就慷慨大度的问题进行了一项有趣的实验。他从各个社会阶层中随机抽取了 600 人，送给他们圣诞卡，贺卡上用红笔写着“菲利浦祝你圣诞快乐”。

昆茨收到 117 张贺卡的反馈。很多贺卡相当普通，无非就是写着“圣诞快乐！”有的则说得很清楚：“收到了你的贺卡，虽然出于某种原因，我想不起来在哪里见过你。但不管怎样，还是要祝你节日快乐！”其他的回复包括新房子、孩子、宠物的照片，以及“回忆他们昔日友谊”的内容详尽的信。此外，昆茨还接到了 11 个电话，有的人很好奇想要知道他是谁，有的人把他当成了一个久未联系的朋友。

实验发现，许多人试图回报这一小小的善行。在日常生活中，我们都有不经意的交流和回报：一个同情的微笑、一个拉门的动作、来自陌生人的赞美。慷慨大度可能引发连锁反应。

2012 年 12 月，一个“免下车”（drive-through）[①] 顾客在位于加拿大曼尼托巴省（Manitoba）温尼伯市（Winnipeg）的提姆霍顿咖啡店（Tim Horton’s coffee shop）为排在她的车后面的陌生人付了账。她的行为引发

① 又译为“得来速”“得来速式”等，指驾车的顾客不必下车就能得到服务，常见于一些快餐厅。——译者注

了连锁反应：接下来的 226 位“免下车”顾客都为后面的顾客付了账。据报道，2013 年，位于休斯敦的一家快餐厅 Chick-fil-A，接连有 67 辆车的“免下车”顾客为下一位顾客付了账。几个月后，在马萨诸塞州埃姆斯伯里市（Amesbury）的一家海文礼多纳圈店（Heav’nly），接连有 55 辆车的“免下车”顾客这样做。

慷慨大度的传递创造倍乘效应，它把初始恩惠放大到 3~5 倍的量级。加州大学圣地亚哥分校的詹姆斯·富勒（James Fowler）教授和耶鲁大学的尼古拉斯·克里斯塔基斯（Nicholas Christakis）教授把这种现象称为“社会传染”。[①] 接受恩惠的人可能在未来的人际互动中更加慷慨。“当人们从合作中受益的时候，他们不会再像以前那样只顾及自己。”富勒解释说。

扫码关注“未来创客”，回复“传染”
直达尼克拉斯·克里斯塔基斯的 TED 演讲。

在 2010 年的一项研究中，富勒和克里斯塔基斯发现，慷慨大度不仅会引发更多的慷慨大度，而且会激起合作的火花。在实验中，他们安排 4 个陌生人一起玩游戏。“这个游戏的玩法类似于数独游戏或一场单循环赛。”富勒说。在这个实验中，参与者需要决定多少钱留给自己，多少钱捐赠给一个团体项目，而且每捐出 1 美元能额外获得 0.2 美元。如果 4 名参与者都把他们所有的钱捐赠给团体项目，会得到最好的结果；然而，在不知道其他参与者打算怎么做的情况下，每个人都必须自己做出选择。只有做出决定之后，参与者才可能知道其他人的决定。这时候，游戏再次重复，每个选手被分配到不同的 4 人小组。

---

① 想更多地了解尼古拉斯·克里斯塔基斯与詹姆斯·富勒的观点，请阅读《大连接》。本书简体中文版已由湛庐文化策划，中国人民大学出版社出版。——编者注

“你看到的是，第一轮实验中的个人协作行为会对接下来的游戏中其他人的行为产生影响。”富勒解释说。在第一轮实验中，参与者每捐出 1 美元，那么这一行为的受益者便会在下轮实验中多捐 20 美分；第二轮的受益者会在第三轮实验中再多捐 8 美分；第四轮的人又额外捐赠了 5 美分。“听起来像很多钱，其实不是这样，全都是一些小面额的硬币，”富勒说，“但是如果我首先多捐 1 美元，结果大家最终会多捐出 3 美元。”

这项研究充分表明，慷慨大度的行为是如何产生显著收益的。在灵活多变的现代工作环境中，通过施以小惠，每个个体都可以对合作产生影响，并可以从合作中获益。

非零和博弈

“对人们来说，这还是第一次，”当我们在帕洛阿尔托的咖啡馆碰面的时候，LinkedIn 公司联合创始人里德·霍夫曼，“是你周围的人造就了你的专业性和工作高效性，使你能够收集信息，完成任务，促成交易，并给你和对你来说重要的人带来机会。”霍夫曼擅长网络化经济，事实上，在这个方面，他很有一套。

我和霍夫曼共同的朋友艾伦·利维（Ellen Levy）说：“霍夫曼就是这种人，在你需要他帮你修剪草坪的时候，他真的会帮你。”在创建管理咨询公司 Silicon Valley Connect 之后，利维曾经为 LinkedIn 公司提供服务。她的这番评论是在强调，**施以小惠可以变成一种日常的行为，其新颖之处在于，相比过去，现代社会的互联网连接让你的这些行动更容易被人了解。**

“别人不可能替你去卧轨，但他们会考虑怎样使事情可能对你有用，”霍夫曼说，“如果你专注于你能做到的对他人有益的那些小事，大多数人会关心你，希望能帮到你。”企业家、投资者和政策制定者愿意对霍夫曼伸出援手，其中的原因之一就是，他总是设法帮助别人。即使在听到一个企业家的游说后，他婉言谢绝投资这家公司，但他仍然尽力伸出援手。“我喜欢给出建议，喜欢对他人有所帮助。”他说。施以小惠为霍夫曼在硅谷赢得了“投资百事通”（go-to investor）的美誉。

尽管霍夫曼帮助别人，但不要搞错了：他的所作所为只是协作，而不是无私奉献。“我们的许多业务之所以很酷，是因为它是一个非零和博弈，”霍夫曼说，“在那里，人们一定要为他人做些小事情。在线工具有助于此，于是，大量的价值得以创造。大多数人曲解了人际关系的含义，因为大多数自以为在谋求建立人际关系的人都已经从中受益，”霍夫曼摇摇头说，“留意一下如何才能帮助你周边的人，这会让你获得巨大收益。”

LinkedIn 的基本原理是基于博弈论的。“当你创建了一个相互作用、持续交易的系统的时候，博弈论就会发挥作用，”霍夫曼解释说，“别人不会去诋毁你，因为这会付出代价。”霍夫曼将 LinkedIn 设计成这样的结构，使得评估其他人的名誉变得很容易。LinkedIn 的会员可以在上面找到自己的同事和同学，他们可以向潜在的雇主、雇员、客户或顾客自荐。从某种意义上说，在线的职业网络为每一个人都创造了一个经济刺激，让他们的所作所为变得更好。“你必须认识到，这个世界很小，人们随时可以了解你的底细。”霍夫曼说。

霍夫曼毕业于斯坦福大学哲学专业，曾作为马歇尔学者在牛津大学从事科研工作。他自认为自己是一个公共知识分子，尽管他曾考虑继续留在学术界，但他仍然觉得自己“可以去开发软件，这些软件与知识分子的所作所为具有同样的影响，但在其背后却有着商业模式的力量，这意味着它的影响范围即便不能达到数千万人，也可以达到数百万”。在建立这种规模的消费科技企业的愿景驱动下，他致力于建立互利互惠的利益关系。

“过去人们常常认为，你之所以乐意跟随我，是因为我是一个‘大人物’，”霍夫曼说，“但是现在，人们更多关注的是跟随你的人的健康问题。”他指出了领导模式的变化。鉴于当今世界的竞争本质，各个层次和阶段的人们，在其职业生涯中，都需要吸引盟友作为雇员、投资者或导师。如何才能做到呢？“付给他们高额薪水当然很有帮助，”霍夫曼说，“但是，优秀的人才同样可以从其他人那里获得高薪，所以，你的项目一定要很有趣，你也一定要很有趣。”创新者想要吸引别人，就要为他们提供机会，找到促进他们职业发展的方式。

在霍夫曼的处世方式中，这一点是显而易见的。在 YouTube 初创阶段，他在 LinkedIn 公司向 YouTube 创始人贾德·卡里姆、查得·赫利和陈士骏提供免费的办公空间。作为天使投资人，他还支持了 Flickr、Groupon、Mozilla、Digg、MightyBell、Technorati 以及 Tiny Pictures 等创业企业。也正是霍夫曼把马克·扎克伯格介绍给了他的同事兼好友彼得·蒂尔，之后，彼得·蒂尔向 Facebook 进行了第一笔外部投资。霍夫曼还是 Airbnb、Edmodo、Xapo、Mozilla、Wrapp 和 Shopkick 等公司，以及非营利组织 Endeavor、Questbridge 和 Kiva.org 的董事会成员。2012 年，为促进 Kiva 小额信贷业务的发展，他借给 Kiva 100 万美元作为激励，以此吸引了 40 000 名新成员，加入给予发展中国家的创业者 25 美元的小额信贷。在几天的时间里，Kiva 收到两个月交易量。

为了描述合作与竞争是如何一起发挥作用的，霍夫曼用他最喜欢的棋盘游戏《卡坦岛》（*Settlers of Catan*）进行了一个类比。第一个人需要 10 个胜利点数才能赢，但是取得胜利的唯一途径，是与其他人进行交易。“你必须先借款，然后才能开始建设，”霍夫曼解释说，“所有人都在竞争，为了走到下一步，你必须先进行交易。你必须建立关系，并弄清楚人们与你交易或不与你交易的原因。我们开玩笑说，在招募员工的时候可以使用这个游戏来了解应聘者，看他们是如何玩耍，如何思考问题的。”

每个玩家都想要在棋盘上攻城略地，建立一个帝国。为此，玩家可以交换资源，结成联盟，密谋战略，施以援手或者惩罚他人。在硅谷，许多人都同意，就玩家交换资源，被迫通过掷骰子改变比赛进程这些特点而言，这个游戏和形成创业战略的过程颇有几分雷同。作为一个狂热的《卡坦岛》粉丝，霍夫曼施以小惠的实践也与此相吻合。

有效施惠的 3 个原则

创新者运用一定的原则，有效地施以小惠。他们决定帮助何人，建立他们打算投入的时间和精力的参数，并通过反复交流与他人形成互动。

决定帮助何人

从可信的同事那里获得推荐，几乎成为人们的一种普遍需要。里德·霍夫曼解释道：“如果和我一起工作的人，是通过我所信任的渠道强烈推荐给我的，那么这个工作会令我非常舒心。”LinkedIn 之所以能建立起来，就是基于同样的原则。作为初次创业者，萨拉·布雷克里的目标是女性。通过在 Spanx 网站和目录上宣传她们刚刚起步的业务，她努力给妇女以支持。Threadless 的创始人杰克·尼克尔想方设法宣传那些不知名的艺

> **创新者说**
> THE CREATOR'S CODE
>
> 所有人都在竞争，为了走到下一步，你必须先进行交易。你必须建立关系，并弄清楚人们与你交易或不与你交易的原因。
>
> **里德·霍夫曼，LinkedIn 联合创始人**

术家。“一个为 Gap 公司设计印刷的妈妈，留在家里照看两个很小的孩子，她们生活在一个军事基地，这位女士的丈夫刚刚被派往伊拉克，”尼克尔说，“晚上，只有在把孩子安顿睡好之后，她才能开始她的设计工作。”创新者支持那些分享他们价值观的人。

设置投入时间和精力的参数

为了管理好自己满满当当的日程表，鲍勃·朗格把自己给建议和联络的时间分成小段，每小段安排 15 分钟或者 30 分钟的约会。他挤出时间及时响应请求，但他确保对话效率。对 Palantir Technologies、Addepar 和 Formation 8 公司[①]的联合创始人乔·朗斯代尔来说，投入时间和精力的标准，取决于需要解决的问题的性质。“不幸的是，许多科技公司只是在自我表现，自娱自乐，或者班门弄斧。在能源、医疗保健、政府和金融领域的重要问题上，能向朋友们提供帮助，这让我很感兴趣。”朗斯代尔说施以小惠有助于加深人际关系，扩大联系范围，但创新者不会因此而影响自己的工作效率。

保持互动

乔巴尼公司创始人哈姆迪·乌鲁卡亚在收购了一家破旧的乳品厂以后，聘用了卡夫公司的前员工。他与纽约北部已经没落的奶农们建立了伙伴关系。在乔巴尼的工厂需要帮助的时候，这种与当地社区建立起的良好工作关系推动了乔巴尼的成长。作为商学院学生，亚历克西斯·梅班克和亚历山德拉·威尔奇斯·威尔逊为苏珊·波森（Susan Posen）完成了研究项目之

① Addepar 是一家以大数据和云计算为基础提供专业的投资价值分析的咨询公司；Formation 8 是一家面向智能技术和能源技术企业提供金融和战略资本支持的硅谷风险投资机构。——译者注

后，担任了她儿子萨卡·波森（Zac Posen）的设计公司的首席执行官。当他们在创办吉尔特团购网的过程中遇到困难，请求苏珊·波森给个面子的时候，苏珊·波森成了愿意与他们的在线时尚网站合作的第一个设计师。

斯坦福大学教授弗兰克·弗林（Frank Flynn）通过对硅谷一家公司161名工程师的测试，对慷慨大度和人情往来的频率进行了研究。他发现，最富有成效的工程师经常主动帮助同事，同时，一些最不富有成效的工程师也同样慷慨大度。差别在于，他们施以小惠的方式有所不同。富有成效的工程师总是保持持续互动。他们用自己的能力帮助同事，这为他们赢得了尊重和社会地位，但他们也乐于寻求帮助，这也使得他们的工作效率更高。成效较低的工程师向他人提供帮助,但反过来他并不寻求别人的帮助。他们的慷慨耗尽了自己的资源，降低了他们的工作效率。关键在于，这种互惠互利的援助要有来有往，持续进行。

信任的摩尔定律

"我的笑话是，我想要我在大学期间从来没有得到过的东西：我想成为在每个人的快速拨号列表中的第一个人。"宝洁公司（P & G）联发部门（Connect + Develop）[①]的创始领导人杰夫·魏德曼（Jeff Weedman）说。为了利用创新性观念，世界上最大的消费品公司，年收入830亿美元的宝洁，通过魏德曼的团队，寻求与其他公司、开发者、创新者和科学家的合作机会。

"大约10年前，宝洁公司的发展进入了瓶颈期，"魏德曼说，"我们的

① 2001年宝洁公司提出"开放式创新"的概念，将宝洁的核心——研发（Research & Develop）改名为联发（Connect & Develop），即打开公司围墙，联合外部松散的非宝洁员工组成群体智慧，按照消费者的需求进行有目的的创新，再通过技术信息平台，让各项创新提案在全球范围内得到最优配置。——译者注

创新速度比以往放缓了很多。我们只在 1/3 的业务领域取得了成功。”宝洁希望在社会上建立起这样的声誉：它既是一个可以合作的亲密伙伴，又是一个公平竞赛的竞争对手。“这听起来像是一个软目标，但它是真实的，”魏德曼告诉我，“我们在思考如何同其他的企业文化争个高下时，会问自己，‘人们喜欢成为我们的合作伙伴吗？’”对宝洁而言，转向关注外部世界，意味着要与包括竞争对手在内的其他公司建立起联盟。

几年前，有个联络人给联发部门打电话介绍了一项诱人的技术。不过由于该技术与宝洁公司业务不匹配，魏德曼就把这个联络人介绍给了他的竞争对手公司的研发部负责人。在不久之后的行业协会会议上，这位负责人对魏德曼的推荐表示感谢。“我最大的困难是让我的团队去认真看待这项技术，因为你已经把它介绍给我们了，”她说，“我花了好长时间才说服我的团队，让他们认识到这项技术不适合宝洁公司，既然如此，你就该把技术转给别人。”

“我想让人们知道，遇到事情应该总是先打电话给我，”魏德曼说，“如果我们感兴趣，我们会走在前面。如果我们不感兴趣，我们也不会阻止它。事实上，我们会帮助别人前进。”对魏德曼而言，这是常识；对宝洁而言，施以小惠产生的价值超过了任何潜在的成本。“这是重要的通货。”他解释道。

“我对摩尔定律的推论——根据摩尔定律，电脑芯片的性能每 18 个月提高一倍，”魏德曼说，“与同一个公司的第二次交易所用的时间只是第一次交易的一半，第三次交易所用的时间只是第一次交易的三分之一，以此类推。通常情况下，当第一次交易完成的时候，第二和第三次交易价值更大，并且你很难分清后续交易何时到来。当然，一旦诸如知识产权协议等法律问题得以解决，未来的交易可能会更加快捷。”但是，魏德曼相信，“信任关系”的建立会促进双方探索符合双方未来利益的新途径。认识到合作伙伴能够做什么，会为交易打开新的大门。人们开始说，“哦，我不知道你会这样做！”或者，“哦，要是当时我们这么做了，结果会是什么呢？”

帮宝适 Kandoo 同 Nehemiah Manufacturing 公司达成的品牌许可协议证明了魏德曼的推论。考虑到 Kandoo 这个儿童品牌太小，分散了人们对其他更大的产品线的注意，宝洁打算把它卖给辛辛那提的社会企业 Nehemiah Manufacturing 公司。作为回报，Nehemiah Manufacturing 的联合创始人丹·梅耶尔（Dan Meyer）将企业委托给宝洁，对 Nehemiah Manufacturing 来说，宝洁是一家太大的合作伙伴，大到没法管理。在过去的几年中，Nehemiah Manufacturing 已得到宝洁公司 9 个品牌授权。2012 年，魏德曼把梅耶尔介绍给了朱莉·皮肯斯（Julie Pickens）和曼迪·多尼（Mindee Doney），这两个人是儿童清洁湿巾品牌 Little Busy Bodies 的创始人。

把梅耶尔介绍给行业中另一个合作伙伴，对魏德曼来讲有什么好处？“我不知道，”魏德曼说，“它对一个正和我们做生意的公司有帮助，这就够了。我确信会有好事情发生，虽然我不知道到底是什么好事情。这其中有数据驱动的因素存在，但是我们做这些事情的时候完全出于信任。”

互惠建立在声誉上

“合作是一个普遍的现象，”哈佛大学进化动力学项目主任马丁·诺瓦克（Martin Nowak）说，“要对我们看到的这个世界做出解释，真的需要合作这种东西。”诺瓦克认为，查尔斯·达尔文的进化论需要更新。除了基因突变和自然选择，进化需要第三种机制：合作。

诺瓦克断言，语言的形成是过去 6 亿年最有趣的现象，而沟通能力使得进化模式与人的观念紧密联系在一起，而不仅仅是与遗传有关。我曾经聆听过诺瓦克的“生命进化的数学研究”，还曾经在他的进化动力学实验室看到写满墙壁的数学方程式。这个和阿诺德·施瓦辛格口音一样的友好的教授迎接了我（诺瓦克从小就和这位加州前州长和动作片明星生长在奥地利的同一个地）。

扫码关注“未来创客”，回复“马丁”直达马丁·诺瓦克的 TED 演讲。

为了解开人类行为背后那些复杂的决策策略，诺瓦克用计算机模型和博弈论来模拟人与人之间的交流。最著名的例子，也许就是“囚徒困境”了。在这一情境中，有两名犯罪嫌疑人同时被逮捕，警察对他们分别进行审讯，并与他们进行一笔交易。如果一人认罪并检举对方，他将被释放，但他的同伙将被判入狱 10 年。如果两名犯罪嫌疑人“合作”保持沉默，他们每个人都会被判处 1 年的刑期。如果两个人相互检举，各判 5 年监禁。理性选择是拒不认罪，并希望另一个家伙不会背叛你。

在囚徒困境中，犯人是相互分开的。如果他们能够做一个约定，他们肯定会同意不去相互检举，因而入狱 1 年。但由于他们无法交流，每个人都会去做似乎更理性的选择，也就是检举对方——结果是每个人都要服刑 5 年。只有交流才能改变一切。

诺瓦克和他的同事提出了“囚徒困境”的另一个版本，在这个版本中，玩家获得声誉。当声誉迅速传播，合作得以增加。自私的行为在短期内提供某种优势，但在长期反复交流的情况下就不会。背叛者无法轻易愚弄其他当事人，因此优势减弱。

“未见其人，先闻知其声誉。”诺瓦克说。在今天的这个通过移动技术和社交媒体可以进行即时交流的世界上，这变得越来越真实。“帮助别人你会获得好的声誉，乐于助人的人也会得到别人的帮助，”诺瓦克说，“你也会了解别人的名誉，并根据他们过去是否帮助过别人，而决定如何帮助他们。”交流让合作更重要。

“我帮助你，其他人帮助我，”诺瓦克解释说，“我不希望互惠一定从你开始，但它建立在声誉之上，有的人观察我的行为并通过闲话加以传播，其他的人也观察我的行为。”声誉在社会互动中会产生重要的影响。一个人要是有了不好合作的名声，人们就会避开他，而合作的玩家获得奖励。

诺瓦克的研究表明，在追求我们自己感兴趣的目标时，我们鼓励慷慨大度地对待他人。鉴于其他人会以德报德，我们可以进一步获得自己的利益。

“好人有好报。”曾任诺瓦克实验室科学家，现任耶鲁大学助理教授的戴维·兰德（David Rand）说。兰德运用诺瓦克的数学模型对在线网络上陌生人之间的反复再三的交互行为进行研究。2011 年，兰德进行了一项实验，800 多名参与者来自亚马逊的土耳其机器人（Mechanical Turk）在线市场。每一个人都连接到一个或更多的玩家，他们共同参与一场游戏，在这个游戏中，每个人都被给予了相同的点数，他们与所联系的人可以共享也可以不共享这些点数。正如预期的那样，人们从合作中受益。其他的人想和那些已经帮助过他人的人结成联盟，和那些不曾帮助他人的人断绝联系。真实的世界里也是如此，**因为人们自己决定他们与谁互动，他们更可能与那些具有合作精神的人形成联系，而与那些不愿帮助他人的人断绝来往。**

让兰德特别感兴趣的是那些最初没有合作行为的玩家的反应。由于受到断绝来往的威胁，在下一局的游戏中，这些人与他人分享自己的点数的意愿似乎增长了两倍。认识到不合作可能遭致的惩罚——人人回避——在随后的回合中，这些玩家比别人更乐于合作，表现出过度补偿的特点。

“从根本上说，一言以蔽之：你最好是一个和善的人，否则没有人会和你来往。”兰德说。

这本书的研究和写作之所以可能，也是由于因为创新者慷慨地施以小惠。200 多位创新者提供了他们的见解，付出时间，回答了无数的问题，并接受了电话、电子邮件或网络电话专访。几乎每一次访谈都是这样结束的：“如果有我能帮得上的其他需要，请告诉我。……我会介绍你认识另一位企业家，你应该对他做一个访谈。……如果你还有别的什么需求，我会随时恭候。”他们的慷慨是一种鼓舞，但也是一种技能。创新者的非同凡响之处，不仅表现在他们所创建的组织，更表现在他们如何创建了这些组织。

THE CREATOR'S CODE

结语

掌控密码

开创未来的事业

6 大技能的结合释放巨大的可能性

相信你自己，相信你的时代

不管你能做什么，或者梦想做什么，动手去做吧。胆识将赋予你天赋、能力和神奇的力量。

——W. H. 默里[1]

① 20 世纪苏格兰著名作家和登山家，代表作《苏格兰人的喜玛拉雅探险》(*The Scottish Himalayan Expedition*)。——译者注

掌控密码

开创未来的事业

20 世纪 90 年代中叶，在加利福尼亚州帕洛阿尔托市，计算机程序员皮埃尔·奥米迪亚完成了一个太阳鸟式的飞跃。“我意气风发，满脑子都是各种各样的想法，时刻想着要把这些想法从别的领域移植过来。”奥米迪亚告诉我。他发现，要是能把个人对个人的销售带到线上世界，这将是一个伟大的机遇。他向朋友杰夫·斯科尔（Jeff Skoll）提出建议，创办一个网上跳蚤市场。当时，斯科尔是骑士报业连锁公司（Knight Ridder）在线分销渠道的负责人。“我看到了奥米迪亚所说的机遇，”斯科尔说，“我辞了工作，两个人一起开始行动。”

奥米迪亚的这一灵感很快发展为 eBay。他和斯科尔迅速采取行动，持续领先那些规模更大的竞争对手——在 eBay 还没走出起步阶段之前，这些大公司随时可能将它碾碎。但是,对公司生存至关重要的是发展速度，斯科尔说：“eBay 惊人的发展速度成了我们的阿喀琉斯之踵。”由于流量猛增，eBay 网站开始遭到系统崩溃的考验。不过，两位创业者的目光始终盯在地平线上。“企业家绝不能够往后看。”斯科尔断言。在 1999 年，eBay 网站崩溃时间长达 4 天之久。“一时间，我们面面相觑，我们能做什么？公司已经死了！”斯科尔摇摇头回忆道。他们把不同的技术领域的智囊们都发动起来，最终找到了应急解决方案。仅仅用了 5 年时间，eBay 就从头脑中的一个想法，发展成了数亿用户的文化符号。“我们的独门秘籍就是，我们相信，从根本上来说，人心总是向善的。”奥米迪亚解释说。正如他们所希望的那样，买家和卖家建立起来的在线信任，使得 eBay 的交易量以闪电般的速度增长。

“在商学院读书的时候，我们从来没有研究过这样的案例，突然之间我们需要解决如此多的问题”，斯科尔告诉我，“有很多公司想要收购我们；我们正在募集风险资本；我们的技术眼看要崩溃；员工规模指数级增长。而所有这一切都同时在发生。”

奥米迪亚和斯科尔破解了创新者的密码。他们掌握了 6 项基本技能，这使得 eBay 蓬勃发展起来。而我们已经在他们自己身上发现了密码。

6 大技能的结合释放巨大的可能性

创新者运用 6 项基本技能成功创办了企业。显然，6 项技能既各有其用，又相辅相成。在摩尔斯电码中，长信号“嗒”与点信号“嘀”的结合可以产生词语和概念，而 6 项技能的结合，同样能够释放出巨大的可能性。

密码一旦破译，就显得相当简单；但没有找到门路之前，却让人百思得不得其解。一位企业家的经验，不足以揭示创新者取得突破的秘密。为了解开这个答案，我访谈了 200 多人，花费的研究时间更是难以计数。

在这本书的写作过程中，我们研究了这些卓越企业家的成长历程。在“填补空白”中，我们邂逅了 Chipotle 公司的史蒂夫·埃尔斯，他不只看到了一个创建休闲快餐连锁公司的机会，在创造更健康的快餐的“目标驱动”下，他“快速迭代”，赢得了竞争；Opower 公司创始人丹·叶茨和亚历克斯·拉斯基不只通过“不断试错”检验自己的想法，他们运用“网络思维”，把学者、立法者、公共事业公司的经理人和软件程序员聚拢起来，找到了一种节约能源的新途径。你在这本书中遇到的所有创新者，都已经掌握了所有这 6 项技能。

THE CREATOR'S CODE
破解密码

这6项技能并不是某一种特殊类型的人群所独有的。他们既没有罕见的天资，也不是非凡的天才。对我们所有人而言，这 6 项技能人人都可能掌握。每一项技能都是可以被开发和培养的。一旦你掌握了密码，在你的下一次尝试中，就可以加以运用。

2004 年，当斯科尔创建 Participant Media 公司的时候，他运用的是自己在 eBay 学到的技能。在好莱坞的电影发行方式中，他发现了一个空白——诸如《辛德勒的名单》这样的有一定纪实性的电影十分罕见——他花了一年时间与演员、代理人、律师、作家、导演、制片人以及工作室总经理进行交流，寻找机会。“成为一个百万富翁的最可靠的办法是先成为一个亿万富翁，然后进入电影行业，通常情况下，在你发现某个机遇的时候，一定会有人对你讲这个事情不能去做。”斯科尔说。

他创建了 Participant Media 公司，并迅速做出了一些关键性的决定。其中之一就是，他承诺将阿尔·戈尔（Al Gore）的气候变化报告拍成电影。“我当场就同意了。”斯科尔说。要不是纪录片因为《难以忽视的真相》（*An Inconvenient Truth*），他制作过的《来自草原的人》（*Man from Plains*）

或《海狸先生》（*The Beaver*）这样的电影，几乎不会引起注意。“10 部影片中，预期五六部会失败，两三部颤颤巍巍、勉强保本，一部影片爆红并弥补你在其他投资组合中的损失，”斯科尔解释说，**“一切都是赌注。电影就是一个赌注。互联网短视频也是一个赌注。投资更是一个赌注。诀窍在于，你要投下足够的赌注，这样你就能够真正学到东西。”**

在好莱坞，斯科尔组织短期工作的快闪团队，制作和发行电影。体会到人际关系的重要性，他冒险去支持他人，即使胜算渺茫。演员乔治·克鲁尼（George Clooney）曾经向斯科尔推荐过一个四幕黑白电影的脚本。这是一个关于麦卡锡时期讨伐广播新闻的历史剧，其他所有的大制片厂都拒绝了这个项目，只有斯科尔支持它。“这个剧本不是很好，但是克鲁尼的激情打动了我，我决定把它买下来。”他说。根据这个剧本拍成的电影《晚安，好运》（*Good Night, and Good Luck*），赢得了包括最佳影片奖在内的 6 项奥斯卡奖提名。

一次又一次运用这 6 项技能，斯科尔和 Participant Media 公司的团队制作了 50 多部电影，获得了 7 项奥斯卡奖和 36 项奥斯卡奖提名。收入超过 1 亿美元的影片共有 5 部：《查理·威尔逊的战争》（*Charlie Wilson's War*，收入 1.19 亿美元），《相助》（*The Help*，收入 2.12 亿美元），《传染病》（*Contagion*，收入 1.35 亿美元），《涉外大饭店》（*The Best Exotic Marigold Hotel*，收入 1.37 亿美元），以及《林肯》（*Lincoln*，收入 2.75 亿美元）。

你可能会问自己，我和杰夫·斯科尔这样的创新者有哪些共同之处呢？答案是：比你想象的要多。创新者都不是超人：斯科尔在加油站打工，这才有钱读完大学；为了赚到创办安德玛公司的种子资金，凯文·普兰克开了一家花店，在一年一度的情人节售卖玫瑰；Threadless 的联合创始人杰克·尼克尔也曾从艺术学校退学。**非凡的成果出自平常的开端。不需要什么证书，好奇和工作热情最为重要。**

但是，想要解开密码，就必须重新解构我们看待世界的方式。学校教育让我们相信存在唯一正确的答案，标准化考试要求我们用标准化的方式进行思考。但是，这个世界不是这样的，它不会按照我们想要的样子运转。根本性的转变正在发生，企业不应再致力于解决复杂但定义明确的问题，而是要抓住独特的视角，给生活带来新观念。

“这需要对你自己的学习负责任，”Dropbox公司联合创始人德鲁·休斯敦解释说，“任何一天，当你运营一家创业公司的时候，你都会徘徊于兴奋和恐惧之间，习惯就好了。”创业不仅仅是一个想法，这需要用勇气、胆量和能力，去说服别人和你一起去构建值得追求的愿景。“你得有点儿疯狂，不太近人情，你还得觉得它有趣又好玩，”Stella & Dot公司创始人杰西卡·赫琳解释道，然后她又俏皮地说，“在独角兽农场是找不到工作的。”简单地说，不存在完美无缺的工作。

掌握了这些密码，你就可以去开创未来的事业，即便是面对不断变化的挑战。每一个创造都是独一无二的。发现并填补空白的时机不止一个，然后这些时机消失，新的机遇打开。下一个史蒂夫·乔布斯可能在医疗领域引领技术发展，就像伊丽莎白·霍尔梅斯通过实验室测试已经完成的那样。明天的比尔·盖茨可能类似于乔·朗斯代尔，他是那些痴迷于“用技术解决难题”的“古怪的计算机科学家”中的一个。没有任何一种方式

> **创新者说**
> THE CREATOR'S CODE
>
> 任何一天，当你运营一家创业公司的时候，你都会徘徊于兴奋和恐惧之间，习惯就好了。
>
> **德鲁·休斯敦，Dropbox创始人**

需要去创建，也没有两个企业会一模一样。

把独创性的东西带到这个世界，是需要勇气的。“创新需要勇气。”这是画家亨利·马蒂斯（Henri Matisse）说过的名言。但创办公司就像是在水面上作画，需要处理持续波动的市场和不断变化的竞争威胁。

相信你自己，相信你的时代

对自身能力的不可动摇的信念和为世界带来改变的强烈愿望，是创新者成功的基石。要保持乐观的心态，搞清楚需要解决什么样的需求，然后采取行动。承诺并不容易，但却是值得的。Yelp 在成为一个商业评论网站之前就已经慢慢启动；足足用了 7 年时间，特斯拉汽车公司才生产出第一辆汽车；革命食品公司一次也只能向一所学校的贫困学生提供健康的午餐。每一次突破背后都有一个故事。

“你必须相信自己能够到达彼岸。”在描述如何应对挑战，变复杂的硬件和软件为简单应用的时候，捷波朗公司联合创始人侯赛因·拉赫曼这样对我说。“真正起关键作用的是独特性，这一点你必须相信。”彼得·蒂尔说。“你必须坚信，你可以发明事物、改变事物，并改善人们的生活，”麦克斯·莱夫奇恩断言，“我从小在封闭的地方长大，对我来讲，创业的想法真是浪漫的资本主义观念。”

THE
CREATOR'S
CODE
破解密码

创新，说到底是一种信仰，一种承担起未来梦想的责任。我们所有人都有成为创新者的潜质，不断扩展的创业能力为我们提供了无穷无尽的探索途径——只要我们敢于尝试。看看你周围的世界，这个世界瞬息万变，永不停歇。只要能抓住属于你自己的巨大力量，你就能成为这个世界的创新者之一。

THE CREATOR'S CODE

附 录

如何破译创新者的密码

创新者如何能够成就规模巨大的企业？在创办和发展这些年收入超过 1 亿美元，或者雇用员工超过 10 万人的大企业的过程中，他们做了什么？又经历了什么？我的研究目的在于，识别出创新者用以成就宏伟事业的一套核心技能。

在这个项目中，我有两个主要研究目标：首先，确定出一组精心选择出来的创新者，他们开创了新的事业，并达到国内领先，在一部分案例中，甚至达到国际水平；第二，对这些创新者进行详尽的个案研究，以确定那些推动他们成就非凡事业的具体的行为和技能。

为此，我制订了一套严谨的方法（这个方法包括 4 个阶段），事实上，我已经识别并评价了一些最成功的创新者，他们创办了高成长性的企业，并形成了创业生态系统。

研究阶段 1：评价学术研究

鉴于企业家能力和这个项目的跨学科性质，我查阅了创业精神、组织行为学、经济学、心理学、社会学、创新学、决策理论和策略学等跨学科学术研究，并做了文献综述。我的文献搜集集中于创办和发展企业所必需的行为和技能这个方面。另外，为了理解成功的创新者的关键特征，我还回顾了有关创新过程的文献。以下高校教师的合作对我的文献搜索提供了很大帮助、分别是：哈佛大学、麻省理工学院、卡内基梅隆大学、密歇根大学、西北大学、斯坦福大学以及芝加哥大学。

研究阶段 2：界定选择标准

本项目的研究过程中，我们对创新者进行了 200 多人次的访谈，访谈对象横跨多个行业，包括科技、零售、能源、医疗保健、媒体、移动应用、房地产、旅游服务、餐饮和教育。这些访谈对象既包括商业企业家，也包括少量推出了革命性举措的大型组织中的社会企业家和业务管理人员。

确定访谈对象的基本标准如下：

- 他/她创办的企业，年收入超过 1 亿美元/或雇用员工超过 10 万人。
- 他 / 她的企业经历了 5~10 年内的高速增长。
- 他 / 她目前是公司创始人 / 首席执行官或仍积极参与管理。
- 他 / 她得到至少 3 位同行的推荐。

研究阶段 3：业内专家访谈

在这个阶段，我的研究目标包括 3 个方面：对成就巨大的创新者的行为和技能组合进行评价；进一步深入理解，这些创新者在一个快速变化的情境中，是如何捕捉机遇的；追加访谈在最初的目标列表中可能错漏的创新者。

这一阶段，我采用了扎根理论[①]（grounded theory）的方法——这是质性分析的一种常用方法。根据这个方法，我开发了适用于每个受访者的一个周全的访谈提纲。目标数据通过询问具体但开放式的问题得以采集。访谈采用半结构式访谈的方式，先提出一组标准化的问题，然后根据受访者情况对后续问题做出调整。

每次访谈的时间在1~3小时之间。其中一小部分访谈是通过电话进行的。

示例问题包括：

- 你的背景是什么？你如何认识到创办这个公司的机遇的？
- 你怎么激励和管理业务，使其快速增长？
- 取得这么高的成就，你做了哪些更新和调整，克服了哪些障碍？
- 你同其他的企业或个人有何种类型的联系？你是如何培养人际关系促进企业成长的？

研究阶段4：模式识别和分析

所有的访谈都进行了记录和整理。从收集来的访谈数据中，把关键点用一系列代码予以标记。内容相似的代码按概念进行分组。用这些概念形成范畴，为提出创新者的6项基本技能这一理论提供依据。

另外，我回顾了数百项学术研究，收集了5 000多页二次数据，其中包括现场记录、报刊文章、政府报告、公司报告，以及从互联网上搜集的其他材料。

① 质性研究的方法之一，用来探索存在于人们互动之间的社会心理过程或社会结构过程，以发展出扎根于社会实践和情境脉络的理论。——译者注

我采用持续比较法对所有的材料进行编码。这些我都是手工完成的，因为在扎根理论中不推荐使用软件。

我综合了近 1 万页的记录笔记，5 000 多页二次数据，以及 4 000 多页的学术研究，包括实验、研究、概念争论以及与学术界同仁的访谈。我使用持续比较法来分析数据。我运用备忘录来捕捉突然出现的概念以及它们之间的关系。当我进行了额外的访谈时，我重新定义了范畴并继续完善概念。我运用持续比较法来重新审视新范畴背后的数据，直到数据充实，6 项基本技能就出现了。

总的来说，我的研究指向可以模仿的行为模式。创办和管理大型企业的能力是可以习得的，它不仅是企业家精神、精英背景、特权资源或者训练的一项功能。我所采访的创新者们重复描述的那些行为，人人都可以实践。尽管他们处于不同的行业，这些创新者们有着共同的方法和技巧。因此，从事这项研究，传播研究成果，将会把宝贵的洞见传递给充满渴望的创新者，鼓励他们将想法付诸行动，把企业做强做大。

THE CREATOR'S CODE

译者后记

翻译《创新者的密码》这本书的日子里，“大众创业”和“互联网 +”的概念正在经济社会各领域深度渗透，并逐渐成为中国经济社会进入新常态之后的重要发展引擎。在这个意义上，本书的出版可以说是应运而生，恰逢其时。因为，《创新者的密码》既是一本有关公司创业与突破的书，又是一本关于互联网如何在生产要素的配置中起到优化和集成作用的书。也可以说，在很大程度上，它是一本关于互联网如何颠覆传统行业的书。

这本书至少有这么几个特点：一是化繁为简，能够在纷繁复杂的创业过程中，概括总结出创业企业最需要关注的 6 大因素，即所谓的“创新者的密码”；二是视野开阔，书中涉及的企业之多、领域之广、理论框架之新、关注角度之巧，都让人耳目一新；三是可读性强，作者不仅会阐发理论，更会讲故事，而且能把一个个创业故事讲得活灵活现，让人心旌摇动。

本书的翻译工作是一次难忘的心理历程。它涉及众多的学科、领域和专业知识，翻译的过程既是一个文字转换的过程，也是一个重新学习的过程。除了本人执笔之外，在资料查找、内容讨论、文字修订、清样校对等工作中，笔者得到了张夏放、张飏、刘艳、刘兰生、邓才秀等人的全方位协助，在此谨向以上各位表达谢意。然而，翻译是一门遗憾的艺术，错误和疏漏之处在所难免，敬请读者批评指正。

作为译者，我只是希望在“大众创业”和“互联网 +”的浪潮中，这本书能够对正在创业和即将创业的读者有所裨益。我也相信这一点。

湛庐文化 Cheers Publishing a mindstyle business 与思想有关

湛庐，与思想有关……

如何阅读商业图书

商业图书与其他类型的图书，由于阅读目的和方式的不同，因此有其特定的阅读原则和阅读方法，先从一本书开始尝试，再熟练应用。

阅读原则1 二八原则

对商业图书来说，80%的精华价值可能仅占20%的页码。要根据自己的阅读能力，进行阅读时间的分配。

阅读原则2 集中优势精力原则

在一个特定的时间段内，集中突破20%的精华内容。也可以在一个时间段内，集中攻克一个主题的阅读。

阅读原则3 递进原则

高效率的阅读并不一定要按照页码顺序展开，可以挑选自己感兴趣的部分阅读，再从兴趣点扩展到其他部分。阅读商业图书切忌贪多，从一个小主题开始，先培养自己的阅读能力，了解文字风格、观点阐述以及案例描述的方法，目的在于对方法的掌握，这才是最重要的。

阅读原则4 好为人师原则

在朋友圈中主导、控制话题，引导话题向自己设计的方向去发展，可以让读书收获更加扎实、实用、有效。

阅读方法与阅读习惯的养成

（1）回想。阅读商业图书常常不会一口气读完，第二次拿起书时，至少用15分钟回想上次阅读的内容，不要翻看，实在想不起来再翻看。严格训练自己，一定要回想，坚持50次，会逐渐养成习惯。

（2）做笔记。不要试图让笔记具有很强的逻辑性和系统性，不需要有深刻的见解和思想，只要是文字，就是对大脑的锻炼。在空白处多写多画，随笔、符号、涂色、书签、便签、折页，甚至拆书都可以。

（3）读后感和PPT。坚持写读后感可以大幅度提高阅读能力，做PPT可以提高逻辑分析能力。从写读后感开始，写上5篇以后，再尝试做PPT。连续做上5个PPT，再重复写三次读后感。如此坚持，阅读能力将会大幅度提高。

（4）思想的超越。要养成上述阅读习惯，通常需要6个月的严格训练，至少完成4本书的阅读。你会慢慢发现，自己的思想开始跳脱出来，开始有了超越作者的感觉。比拟作者、超越作者、试图凌驾于作者之上思考问题，是阅读能力提高的必然结果。

好的方法其实很简单，难就难在执行。需要毅力、执著、长期的坚持，从而养成习惯。用心学习，就会得到心的改变、思想的改变。阅读，与思想有关。

[特别感谢：营销及销售行为专家 孙路弘 智慧支持！]

我们出版的所有图书，封底和前勒口都有“湛庐文化”的标志

湛庐文化
Cheers Publishing
a mindstyle business 与思想有关

并归于两个品牌

财富汇　　心视界

找“小红帽”

为了便于读者在浩如烟海的书架陈列中清楚地找到湛庐，我们在每本图书的封面左上角，以及书脊上部47mm处，以红色作为标记——称之为**“小红帽”**。同时，封面左上角标记**“湛庐文化Slogan”**，书脊上标记**“湛庐文化Logo”**，且下方标注图书所属品牌。

湛庐文化主力打造两个品牌：**财富汇**，致力于为商界人士提供国内外优秀的经济管理类图书；**心视界**，旨在通过心理学大师、心灵导师的专业指导为读者提供改善生活和心境的通路。

阅读的最大成本

读者在选购图书的时候，往往把成本支出的焦点放在书价上，其实不然。

时间才是读者付出的最大阅读成本。

阅读的时间成本=选择花费的时间+阅读花费的时间+误读浪费的时间

湛庐希望成为一个“与思想有关”的组织，成为中国与世界思想交汇的聚集地。通过我们的工作和努力，潜移默化地改变中国人、商业组织的思维方式，与世界先进的理念接轨，帮助国内的企业和经理人，融入世界，这是我们的使命和价值。

我们知道，这项工作就像跑马拉松，是极其漫长和艰苦的。但是我们有决心和毅力去不断推动，在朝着我们目标前进的道路上，所有人都是同行者和推动者。希望更多的专家、学者、读者一起来加入我们的队伍，在当下改变未来。

湛庐文化 Cheers Publishing
a mindstyle business 与思想有关

湛庐文化获奖书目

《大数据时代》
国家图书馆“第九届文津奖”十本获奖图书之一
CCTV“2013中国好书”25本获奖图书之一
《光明日报》2013年度《光明书榜》入选图书
《第一财经日报》2013年第一财经金融价值榜“推荐财经图书奖”
2013年度和讯华文财经图书大奖
2013亚马逊年度图书排行榜经济管理类图书榜首
《中国企业家》年度好书经管类TOP10
《创业家》“5年来最值得创业者读的10本书”
《商学院》“2013经理人阅读趣味年报•科技和社会发展趋势类最受关注图书”
《中国新闻出版报》2013年度好书20本之一
2013百道网•中国好书榜•财经类TOP100榜首
2013蓝狮子•腾讯文学十大最佳商业图书和最受欢迎的数字阅读出版物
2013京东经管图书年度畅销榜上榜图书，综合排名第一，经济类榜榜首

《爱哭鬼小隼》
国家图书馆“第九届文津奖”十本获奖图书之一
《新京报》“2013年度童书”
《中国教育报》“2013年度教师推荐的10大童书”
新阅读研究所“2013年度最佳童书”

《牛奶可乐经济学》
国家图书馆“第四届文津奖”十本获奖图书之一
搜狐、《第一财经日报》2008年十本最佳商业图书

《影响力》（经典版）
《商学院》“2013经理人阅读趣味年报•心理学和行为科学类最受关注图书”
2013亚马逊年度图书分类榜心理励志图书第八名
《财富》鼎力推荐的75本商业必读书之一

《影响力》（教材版）
《创业家》“5年来最值得创业者读的10本书”

《大而不倒》
《金融时报》•高盛2010年度最佳商业图书入选作品
美国《外交政策》杂志评选的全球思想家正在阅读的20本书之一
蓝狮子•新浪2010年度十大最佳商业图书，《智囊悦读》2010年度十大最具价值经管图书

《第一大亨》
普利策传记奖，美国国家图书奖
2013中国好书榜•财经类TOP100

《卡普新生儿安抚法》（最快乐的宝宝1•0~1岁）
2013新浪“养育有道”年度论坛养育类图书推荐奖

《正能量》
《新智囊》2012年经管类十大图书，京东2012好书榜年度新书

《认知盈余》
《商学院》“2013经理人阅读趣味年报•科技和社会发展趋势类最受关注图书”
2011年度和讯华文财经图书大奖

《神话的力量》
《心理月刊》2011年度最佳图书奖

《真实的幸福》
《职场》2010年度最具阅读价值的10本职场书籍

延伸阅读

《创业无畏》

扫码直达本书购买链接

◎ 进入美国权威网络媒体 Business Insider2015 年年度商业畅销新书榜单。

◎《富足》告诉我们 20 年后的世界将会怎样，而《创业无畏》则是企业家帮我们抵达未来世界的行动路线图。

◎ 彼得·戴曼迪斯继《富足》之后又一部扛鼎之作！

◎ 美国前总统克林顿、张瑞敏、张亚勤、高红冰、网大为、李开复、徐小平、毛大庆、陈劲联袂推荐。

《创业头条》

扫码直达本书购买链接

◎ 这场《福布斯》杂志资深互联网观察者与硅谷科技新贵的对话，将揭秘《福布斯》封面人物撼动世界的独家心得！

◎ 聚焦硅谷科技新贵的成功法则，直击最热门创业公司的商业模式！

《绝佳提问》

扫码直达本书购买链接

◎ 未来最需要的不是知道答案的人，而是能够提出美丽问题的人。掌握提问的无穷力量，改变传统的思维方式，真正实现从 0 到 1。

◎ 伟大的创意与价值百亿的生意可能源于一个简单的问题。

◎《企业家》网站评选的 2014 年度 25 本最令人惊叹的图书，《赫芬顿邮报》2014 年度改变思维的 10 本必读书，

◎ 畅销书《驱动力》作者丹尼尔·平克，IDEO 公司首席执行官、《IDEO，设计改变世界》作者蒂姆·布朗，畅销书《精益创业》作者埃里克·莱斯等联袂推荐。

《资源革命》

扫码直达本书购买链接

◎ 浙江省科技厅厅长周国辉专文推荐，领英创始人里德·霍夫曼，麦肯锡公司、麦肯锡全球研究院资深董事华强森联袂推荐。

◎ 互联网从业者、投资人与创业者把握能源与商业趋势的必读之作！

◎ 本书分析了正在进行中的资源革命，让你看清未来，3D 打印、物联网、无人驾驶汽车这三者将如何改变全世界的工业，建筑业正在进行模块化革命，太阳能发电很快就会普及……

The Creator's Code : The Six Essential Skills of Extraordinary Entrepreneurs

图书在版编目（CIP）数据

创新者的密码：未来企业家必备的6大技能 /（美）威尔金森著；张跳译. —杭州：浙江人民出版社，2015.9

ISBN 978-7-213-06860-7

Ⅰ.①创… Ⅱ.①威… ②张… Ⅲ.①企业管理 Ⅳ.①F270

中国版本图书馆CIP数据核字（2015）第200875号

浙江省版权局
著作权合同登记章
图字：11-2015-92号

上架指导：企业管理 / 创新创业

创新者的密码：未来企业家必备的6大技能

作　　者：[美] 埃米·威尔金森　著
译　　者：张　跳　译
出版发行：浙江人民出版社（杭州体育场路347号　邮编　310006）
市场部电话：（0571）85061682　85176516
集团网址：浙江出版联合集团　http://www.zjcb.com
责任编辑：王　芸　朱丽芳
责任校对：杨　帆
印　　刷：藁城市京瑞印刷有限公司
开　　本：720 mm × 965 mm 1/16　　**印　　张**：15.5
字　　数：18.9万　　**插　　页**：1
版　　次：2015年9月第1版　　**印　　次**：2015年9月第1次印刷
书　　号：ISBN 978-7-213-06860-7
定　　价：52.90元

如发现印装质量问题，影响阅读，请与市场部联系调换。